日本思想史

〔日〕末木文美士 著

王颂 杜敬婷 译

著作权合同登记号　图字：01-2020-7353

图书在版编目（CIP）数据

日本思想史 /（日）末木文美士著；王颂，杜敬婷译. —北京：北京大学出版社，2022.10

ISBN 978-7-301-33404-1

Ⅰ.①日⋯　Ⅱ.①末⋯ ②王⋯ ③杜⋯　Ⅲ.①思想史－日本　Ⅳ.① B313

中国版本图书馆 CIP 数据核字（2022）第 179778 号

NIHON SHISOSHI
by Fumihiko Sueki
© 2020 by Fumihiko Sueki
Originally published in 2020 by Iwanami Shoten, Publishers, Tokyo.
This simplified Chinese edition published 2022
by Peking University Press, Beijing
by arrangement with Iwanami Shoten, Publishers, Tokyo

书　　　名	日本思想史 RIBEN SIXIANGSHI
著作责任者	〔日〕末木文美士 著　王　颂　杜敬婷 译
责任编辑	刘书广
标准书号	ISBN 978-7-301-33404-1
出版发行	北京大学出版社
地　　　址	北京市海淀区成府路 205 号　100871
网　　　址	http://www.pup.cn　新浪微博：@ 北京大学出版社
电子信箱	pkuwsz@126.com
电　　　话	邮购部 010-62752015　发行部 010-62750672 编辑部 010-62755217
印　刷　者	涿州市星河印刷有限公司
经　销　者	新华书店
	650 毫米 ×980 毫米　A5　8.75 印张　163 千字 2022 年 10 月第 1 版　2022 年 10 月第 1 次印刷
定　　　价	66.00 元

未经许可，不得以任何方式复制或抄袭本书之部分或全部内容。
版权所有，侵权必究
举报电话：010-62752024　电子信箱：fd@pup.pku.edu.cn
图书如有印装质量问题，请与出版部联系，电话：010-62756370

目　录

导言："王权"与"神佛"——日本思想史的两极 ....葛兆光 / 1
中文版序言 19
序言：日本思想史的必要性 22

第一章　如何把握日本思想史 001
　1. 考察日本思想史的视角 001
　2. 日本思想史的结构——王权与神佛 006
　3. 作为前提的中国 012

I　思想的形成（古代）
至 9 世纪

第二章　日本思想的形成——飞鸟、奈良、平安初期 021
　1. 律令与神话 021

2. 众神与佛法 027
  3. 儒学与诗歌 032

Ⅱ 思想的定型（中世）
10—15 世纪

第三章 礼仪化的王权与神佛——摄关、院政时期 039
  1. 王权与礼仪 039
  2. 祭祀与信仰 044
  3. 王朝的思想与文学 050

第四章 王权与神佛的新秩序——镰仓时代 056
  1. 王权的多层结构 056
  2. 神佛的新秩序 061
  3. 贵族、武士、隐者 067

第五章 中世文化的成熟——南北朝、室町时代 073
  1. 王权的重组及其理论 073

2. 神佛与中世文化 079
3. 室町文艺复兴 085

III 思想的多元化与演变（近世）
16—19 世纪

第六章 大变动与重组——战国、安土桃山时代 093
  1. 从分裂到再统一 093
  2. 一神教的冲击 099
  3. 大名与町众 104

第七章 构筑稳定的社会——江户初期 111
  1. 以新秩序为目标 111
  2. 神佛儒的时代 117
  3. 多元化的伦理与文化 124

第八章 思想的百花齐放——江户中期 131
  1. 儒教统治的具体方案 131

2. 复古与革新 ………………………………………………… 136

　　3. 学问与生活 ………………………………………………… 143

第九章　国家主义之路——江户后期 …………………………… 150

　　1. 国难与王权 ………………………………………………… 150

　　2. 神道的活跃 ………………………………………………… 156

　　3. 追求转换 …………………………………………………… 163

IV　世界中的日本（近代）
19—20 世纪

第十章　日本的近代的形成——明治时代 ……………………… 173

　　1. 国体的形成 ………………………………………………… 173

　　2. 国体与神佛 ………………………………………………… 180

　　3. 启蒙与国粹 ………………………………………………… 187

第十一章　战争与思想——大正、昭和前期 …………………… 194

　　1. 从民主到全民战争 ………………………………………… 194

2. 受难与合作 200
  3. 激荡中的哲学 207

第十二章 和平的理想与幻想——昭和后期 215
  1. 和平与民主 215
  2. 新政教关系 221
  3. 从知识分子到大众文化 228

结　语——幻想的终结（平成时代）........................235
后　记 243

导言:"王权"与"神佛"——日本思想史的两极

2020年年初我来到东京,住在上野不忍池的附近,每天走路到东京大学的研究室看书。近年来始终难得定神静气,好些新书都只能走马观花地浏览,很多问题都来不及细细反刍琢磨,所以借了这个难得的契机,重读一些计划内的著作,寻找一些计划外的新书。刚好,到日本不久就收到老朋友末木文美士教授从京都寄赠的著作《日本思想史》,这是一月刚刚出版的新书。我便放下其他,特意花了整整一周时间,一面仔细拜读,一面写下感想。毕竟日本思想史不是我的专业,所以,这篇文章充其量是学习心得,或是有感而发。

读这部书的时候,我想得最多的是以下三个问题:首先,与中国思想史同为东亚地区的思想史,日本思想是从什么样的起点展开的?其次,此后形成的日本思想世界与中国思想世界有什么不同？最后，日本思想史为什么与中国思想史不同？作为"岩波新书"的《日本思想史》，虽然只是小开本文库本，全书也只有两百余页，但它却是一部非常好的，能够帮助中国读者理解日本思想的入门书。

一

无论中国还是日本，思想史的内容都很庞大，不仅史料太多，线索复杂，而且理解分歧，正好比老话说的"一部二十四史，不知从何说起"。特别是，思想史家如果还试图把文学艺术、日常生活、底层社会的"一般思想、知识和信仰"（这是我自己在《中国思想史》里使用的概念，我想，末木也同样试图把学术、文化与生活世界写进思想史）也纳入视野，它就更难做到简明和清晰。难得的是，这本书第一章就率先给出一个简洁明了的叙述结构，使得他撰写的这部日本思想史，具有非常清晰的线索。作者认为，日本的"王权"与"神佛"，可以作为日本思想史的两极，并且可以由此观察"文化世界"与"生活世界"在这两极紧张关系中的变动，从而建构了日本思想史基本图式。读者千万不要以为，这一图式很简单，实际上我觉得这种观察相当有穿透力。因为，如

导言："王权"与"神佛"——日本思想史的两极

果我们把"日本思想史"拆解成三个关键词，那么，首先是"日本"。王权与神佛的对峙、调和与冲突，正是日本（而不是中国）的特色。其次是"思想"。作者指出传统日本（也与中国不同）的政治、思想与文化有明暗两端。王权是"显"的一面，它在中国传来的儒家思想影响下，处理世俗的、现实的问题，可以说是政治和伦理思想。而神佛是"冥/幽"的一面，它在中国传来的佛教和日本本土的神道支配下，处理超世俗、超现实的信仰问题，它可以说是宗教思想。再次是"历史"。正如作者指出的，漫长的时间里，学者文人对于精神层面的经典解释、文学艺术创作以及思想发挥，和生活与实践层面的医学、历法、生产技术等，在王权与神佛两极的移动之间，也在不断地发生变化，而这些在时间中的变化，就构成了日本思想（而不是中国思想）的历史。末木文美士的这一论述中，当然有日本著名学者黑田俊雄"显密体制"的痕迹，但与黑田主要针对佛教史的说法还是略有不同。更有意思的是，末木文美士还用了大传统、小传统这样的概念，但他的这些概念也和我们习惯的，也就是这一概念的发明者雷德菲尔德的用法不同。他所说的"大传统"，对应的是前近代或者说传统日本的思想，即代表了政治思想的王权、代表了宗教思想的神佛，以及两者之间展开的"文化"与"生活"；而他发明了一个"中传统"，

日本思想史

对应的则是明治以后,通过"大政归还""撤藩置县""神佛分离"等一系列维新措施,王权(原本由天皇与幕府等重层结构构成的政治权力)与神佛(佛教与神道,也就是神佛习合构成的宗教权力)两极,被转型成为以"天皇"为中心的一元化结构。但这并不是完全改变了日本的思想传统,而是把日本原来的两极改造成为另一种图式,也就是表层为西洋的新思想文化与现代宪政,加上《教育敕语》那种来自传统儒家的忠孝伦理("显");底层为神道的神社祭祀与天皇谱系的再建构,以及佛教与普通民众的祖先祭祀,从而形成以天皇为国家全体之家长的信仰("冥"),仍然是一明一暗(183页)。而他笔下所谓的"小传统",也不是我们所说的民众的、通俗的、底层的传统,而是"二战"以后,接受西方民主、平等、人权等价值与制度设计,使得天皇只能作为象征,神佛的重要性也逐渐衰退,由此形成了所谓"战后进步主义"思潮。《日本思想史》这部书,除了说明理论和方法的第一章之外,正文部分从古至今,分成四大部分:"思想的形成(古代):至9世纪""思想的定型(中世):10至15世纪""思想的多元化与演变(近世):16至19世纪""世界中的日本(近代):19至20世纪"。虽然这种历史分期是日本学界惯用的方式,但如前所说,末木不采用雷德菲尔德的"大传统"与"小传统"概念,而是自己

导言:"王权"与"神佛"——日本思想史的两极

独创了这种与时代相关的"大传统""中传统"与"小传统"概念,来对应"古代＋中世＋近世"、"近代"和"当下(二战后)",我猜想,他也许是为了强调,在漫长的历史中,日本思想的大中小传统之重重积淀,而这种层层的积淀,以及加速度的转变,又如何形塑了现在日本复杂的思想世界。

二

正如末木指出的,日本思想史研究中,一个相当大的困难是因为"日本思想大多是通过吸收与转化外来思想而形成的"。其中前近代以前,思想资源主要来自中国。从中国传来的儒家与佛教,加上日本为了调和与矫正中国思想而滋生的国学与神道,构成日本思想史的主要成分(5—6页)。因此,凡是讨论日本的思想史,就不得不以中国为背景加以比较。那么,也许可以称为"本是同根生"的日本思想,究竟与中国思想有什么不同?作者虽然没有特意全面归纳,但以我阅读的感觉,在整部书中,他实际上处处都在回答这一问题。其实,中国思想史研究者也同样希望回答这些问题。在第一章的后半,作者曾提到一些看法,恰好最近我也和东京大学渡边浩教授两次讨论这些话题。我想用综合的方式来介绍我们的共同想法，这些想法是在末木的基础上，结合了他、渡边浩和我自己的观察。日本思想与中国思想的差异当然很多，但我们都特别注意的，首先是日本王权有自己的特点，天皇是神，万世一系血脉绵长，神道与天皇之结合，证明了天皇之神圣性与他的血缘谱系相关（这一点在明治宪法中有明文规定）；而中国虽然也说"天授王权"，但是，因为有儒家的德治主义，所以，不符合"德"则不能得"天"之护佑，所以，中国有王朝变更与革命传统，反复革命在某种意义上具有合法性。其次，中国的专制皇帝之下，有庞大的官僚系统与郡县制度，士大夫构成的官僚系统帮助皇帝直接管理与控制庶民，科举制度则保证了官僚的来源。然而，日本的国家从历史上看，不是郡县制却像封建制（直到明治维新才"撤藩置县"），日本也并没有科举制度（反而是武士阶层），官僚选拔也不是中国式的考试，各地的藩主掌控着地方与民众，日本王权的"重层结构"也与中国皇权的"绝对专制"不同。再次，日本政教关系显然与中国不同。日本的神佛深入政治，与王权互相调和与冲突，但是中古时代之后的中国，佛教与道教逐渐在政治领域边缘化，并不能直接进入和深入权力中心，更多是作为"方外"，负责的是个人与精神领域。最后，末木也提到，中国有所谓"华夷思想"，他没有就这一点展开论述，但

导言:"王权"与"神佛"——日本思想史的两极

我感觉这一点相当重要。为什么?因为在很长的历史时期,"华夷思想"使得中国对于本土文化怀有很强的自信,对外来文化则相当警觉,由于中国思想文化的独立性与自主性相当牢固,对于外来思想与文化总是要采取"整体主义"的理解(也就是追求道与器、本与末的贯通)与"改造主义"的接受(如"格义""注疏"的方式),日本虽然也有后来"和魂洋才"之类的说法,但是,由于历史上相当长时期内都是接受外来文化,因此,所谓"受容"与"变容"都相当直接和迅速,特别是,他们始终并不拒绝思想的"杂糅"。作者在《日本思想史》中提醒我们,要特别注意这些日本思想史的特征。如果再看日本国家形成时代,通过把天皇作为天照大神子孙,《新撰姓氏录》(815年)强调天皇家族的神圣性,并给一千多姓氏确立来源、搭配神祇和明确等级,以及《延喜式》(905年)规定的祭祀仪式,古代日本把神灵世界和世俗世界,构造成一个秩序井然的等级社会。而最澄、空海等佛教徒改变佛教与王权密切纠缠的状态,又逐渐使得佛法与王法各自保持了相对独立的空间,最终结成了不可或缺的关系。在这些早期日本历史的现象中,我们确实看到,日本思想史和中国思想史相当不同的起点。在日本,作为两极的"王权"与"神佛",一明一暗或一显一冥,从一开始就存在。起点既然不同,延伸必有歧路。日本思想史从"王权"

与"神佛"这两极并峙开始，国家政治与思想文化的进路，就逐渐与中国分道扬镳了。中世的日本，一方面出现了和中国皇帝一元化统治不同的"王权之重层化"（上皇—天皇—摄关），出现了停派遣唐使以及形成日本自己的"国风时代"，渐渐发展出与中国儒家礼制基础上的律令制并不完全一样的《延喜式》，以及作者强调的"有职故实"文化。另一方面，神祇祭祀逐渐整齐化，数千座官方承认的神社（分为官币大社小社、国币大社小社），在中国衰落却在日本兴盛的密宗（真言宗），以及渗透到各种神佛仪式的咒术，都呈现了和中国不同的思想文化景观。特别是，日本还出现了"神佛习合"这种特有的宗教现象，以及"印度、中国、日本"这样特殊的三国世界观。

这样的日本思想史现象显然与中国不同。尽管我们经常会习惯地说，日本文化在古代主要是吸收了中国文化资源，东亚文化仿佛是西嶋定生所谓一个共享"汉字""律令制国家""佛教"和"儒家"的文化圈，但是，说明"异中有同"固然重要，说明"同中有异"恰恰是我们东亚思想史研究者目前应当注意的关键。因为我们被"同文同种"的说法影响太深。

导言:"王权"与"神佛"——日本思想史的两极

三

思想史有很强的延续性。就像丸山真男说的,有那种"执拗的低音"在,它就始终在修饰和校正"主旋律",使它既不至于偏离传统,又使它丰富而有层次。日本思想史这种不同于中国的结构和趋向,不仅在起点如此,在终点也如此,就算在半路上,也仍然顽强地呈现着它自己的特点。在《日本思想史》中,作者按历史顺序叙述。当他讨论到近世日本(也就是江户时代)的时候,他又指出,尽管日本的"王权"从"上皇—天皇—摄关"转化为"天皇—将军—大名",日本的"神佛"从传统神道和镰仓佛教转化为"神佛儒",但它仍然是古代日本"大传统"的延续。只不过近世日本开始有新的问题出现,比如:不能不面对整个东亚的政治文化格局,不得不回应天主教这种一神教的冲击,不得不进入世界史转换期(明清之际的华夷变态)或者是全球化初期。这些"不得不"使得江户时代充满变数,"王权"和"神佛"都不得不面对现实情况做出调整。在"王权"主导的政治领域,他们一方面禁止天主教的流传,由幕府一元化控制长崎贸易,另一方面在"神佛儒"主导的文化领域,则开始提倡儒学,接受黄檗宗,重建神道,形成了所谓"儒教系神道和日本型华夷思想"。作者特别指出,在江

日本思想史

户时代山崎闇斋、林罗山等儒家学者，既从佛寺学习知识，又对神道传说进行合理化解释，使得儒教向着日本化方向转型，逐渐孕育了日本中心主义，甚至给出了日本才是"中国"的说法。在他们影响后世的思想叙述中，日本在世界中心，它的皇统从神代以来就连绵不绝，而正是这些观念，确立了日本型的华夷思想。江户时代的日本，虽然没有根本改变"大传统"，但由于德川幕府控制下这两个半世纪的和平，建立了稳定的新秩序，所以，这个时代也出现了"多元化的伦理和文化"，也有了"货币经济和町人文化"。特别是，在元禄时期（1688至1703），即第五代将军德川纲吉时代，按照末木的说法是形成了"清新的文化"。像柳泽吉保、荻生徂徕、北村季吟，提升了日本的文化与艺术水准；就连宫廷内的女性像曾雌定子、正亲町町子、饭塚染子，都非常有文化。正如第八章"思想的百花齐放"这一标题显示的那样，"江户时代常常有世俗化的特征"，这正是江户中期的思想文化状况。我们注意到，这部书中提到这个时代，有汤岛圣堂和昌平坂学问所，也有新井白石和荻生徂徕，但这个时代也不得不出现类似中国的"睁开眼睛看世界"。为什么？因为锁国的江户时代，长崎、对马、萨摩、松前四个对外口岸，仍然带来朝鲜、中国、欧洲的消息，使得日本无法闭上眼睛，因此才有了新井白石的《西方纪闻》《采览

导言:"王权"与"神佛"——日本思想史的两极

异言》和西川如见的《增补华夷通商考》。而代表宗教力量的"神佛儒",似乎也在有意无意地回应新变。荻生徂徕开始回归古典,跳脱朱子之学重新理解儒家思想;佛教徒也在继承传统的同时进行教团改革,黄檗宗的潮音道海还编撰出《先代旧事本纪大乘经》,提倡"神儒佛一致";而稍后的本居宣长则在重新诠释日本神话,引出后来的日本中心主义。

在这个历史背景中,我们可以理解有关江户时代后期的思想史部分,为什么末木要把第九章题为"国家主义之路"。因为在幕末也就是江户后期,"王权"与"神佛"两极都出现了危机。一方面,第一次鸦片战争中国失败,签订屈辱的《南京条约》之消息,刺激了日本,但这时的幕府在各个大名牵制下,有弱化的趋向,恐怕它无法回应天崩地裂的巨变。特别是在1853年"黑船事件"之后,"尊王攘夷"便成为思想家们的思考重心,使得日本不得不出现"从大政归还到王政复古"这种政治思想史变化。在书中,作者用了"雪崩"两字,说明"王权"这一极在幕末时期不得不变的趋势;而另一方面,来自水户学派会泽安(正志斋)有关"国体"的议论,给幕末的国家变革提供了思想资源;而平田笃胤的"复古神道",正好配合了"尊王攘夷"的呼声;稍后的佛教西本愿寺月性等不仅支持"尊王攘夷",而且提倡"护国即护法",不仅给吉田松阴带来影响，也给佛教带来变革的可能。很明显，这预示着思想史的另一极"神佛"，也即将发生巨变。读者从这部书中可以看到近世日本思想史，仍然是在"王权"和"神佛"两极的延长线上挣扎与蜕变。

四

这本书的第四部分，涉及作者所说的"中传统"和"小传统"，也就是明治维新时代的国家、启蒙、信仰，"二战"期间从马克思主义到超国家主义、"大东亚共荣圈"的提出，以及近代的超克，甚至还涉及战后宪法与天皇、"五五年体制"、新的政教关系、知识界与大众化等问题。最后一直讨论到丸山真男、鹤见俊辅，以及1968年"全共斗"的代表性人物吉本隆明，内容相当丰富。令人深思的是，全书最后末木用了相对悲观的题目"幻想的终结"，作为全书的"结语"，也是他对刚刚过去的平成时代的盖棺论定，显示了一个对同时代始终持批判意识的学者立场。我非常佩服作者举重若轻的日本思想史叙述方式。在读这本书的时候，再次让我想到1998年自己出版《中国思想史》第一卷时，引起诸多争论的"思想史的写法"这一话题。其实，中国学者和日本学者都同

导言："王权"与"神佛"——日本思想史的两极

样面临"思想史的写法"的难题。而这难题来自三方面：一是西方哲学史的影响，即如何挣脱近代西方哲学史叙述概念和方法之笼罩；二是思想史的视野，即如何把一国的思想史放置在更大的视野中来重新定位；三是思想史的内容，即重写思想史的时候，什么可以写进思想史中。

关于西方哲学史的影响，很有趣的是，末木在本书一开头提出一个问题，就是日本有没有哲学？他引用中江兆民《一年有半》中的话说，"我们日本从古至今一直没有哲学"（1页）。这句话也许很有刺激性，所以，在第十章讨论近代日本的自由民权时，他再一次引用（178页）。但是末木提醒我们，说日本没有哲学，并不是否定或贬低日本思想，而是说日本并不是用西洋哲学方式来思考的。也许读者会记得，二十多年前我的《中国思想史》出版时，曾提出用"哲学"还是用"思想"来叙述传统中国，这一话题曾引起过学界争论，而2001年德里达与王元化先生的对谈中，曾说中国没有哲学，也曾引起某些学者的愤怒。其实，无论是末木还是德里达（也包括我本人），都并不认为"没有（西方式的）哲学"是一件让东方人丢脸的事情，因为东方人有东方的问题焦点、思考方式和表达词语。如果按照西方哲学的概念和方法，在中国和日本按图索骥，"选出而叙述之"，倒并不那么值得夸耀。更重要的

日本思想史

是，一旦我们跳脱"（西方）哲学"或"（西方）哲学史"的笼罩，无论是中国还是日本的"思想史"，内容会大大丰富起来，末木文美士笔下的"日本思想"，比如"王权的重层结构""神佛习合""显冥两极"等，很多未必涉及哲学意义上的"本体""认识"或"伦理"，也不见得可以区分出"唯心"或者"唯物"，却在日本思想世界中，是活泼泼的存在。再说思想史的视野和背景。正如末木所说，由于思想资源往往来自日本之外，所以，日本思想史的研究者不能不把论述的视野扩大到中国或者欧美，而且还要关注作为传播路径的朝鲜历史上的百济、新罗、高丽。特别是"大传统"时代的日本思想史，正如前面所说，时时刻刻会出现中国背景，而在"中传统"或"小传统"时代的日本思想史中，我们又常常会看到西洋的身影。我常引用歌德的那句名言："只知其一，便一无所知。"（麦克斯·缪勒在《比较宗教学》的开篇也曾引用这句话）可是，在传统中国思想史的研究领域里，我们很少看到把中国置于东亚或者亚洲，乃至世界背景中去讨论，也许，这是因为传统中国思想确实有独立性和封闭性的缘故。不过问题是，如果没有异域思想状况的对比和刺激，也许不太容易"倒逼"出本土思想史的独特问题。我在阅读《日本思想史》时，总是从日本思想史中"王权"与"神佛"作为两极的论述中，想到有关中国思想史的几个问题：

导言："王权"与"神佛"——日本思想史的两极

第一，中国的"王权/皇权"为何可以一极独大？从日本所没有（欧美也没有）的历史，即秦汉中国实现大一统、帝国内部推行郡县制、儒法学说制度化，到科举制与官僚体系等因素中，是否可以解答这一思想史中的特殊现象？（已故刘泽华教授从"王权主义"角度探讨中国政治思想史，其实已经有很深的探索。）第二，前面末木指出传统中国特有而日本早期并没有的"华夷观念"，它如何孕育了古代中国顽固的帝国心态和脆弱的天朝观念，以至于形成一直影响中国的国际观念与民族观念？第三，古代中国何以没有日本那种"神佛"与"王权"两极的传统，也没有近代欧洲所谓"神权"与"王权"的冲突？从这里反过来思考，那么，中国宗教为何会被政治权力全面压制，最终出现我所谓的宗教"屈服史"，而这种"屈服史"又对中国思想史有什么影响？顺便说起，好几年来我一直想写一篇《当皇帝作为思想辩手》，想说的是中国皇帝不仅管天管地，而且管知识、思想和信仰，不只是梁武帝、宋孝宗，明清两代皇帝更是亲自下场，嘉靖皇帝写《正孔子祀典说》和《正孔子祀典申议》，强调"夫礼乐制度从天子出"，雍正皇帝写《大义觉迷录》和《拣魔辨异录》，评论华夷中外和儒家佛教。当皇帝亲自下场加入论战，政治权力和思想权力集于一身，就使得宗教只能失语，无法"上帝的归上帝，恺撒的归恺撒"，这也许是世界思想史上比较罕见的现象。因此，思想史家一旦把视野放大，把异域作为背景，这些可以称为"中国特色"的现象，是否就显出它的思想史意义了呢？

最后再看思想史的内容。当年我写《中国思想史》时曾提出，由于我们改变了哲学史的路数而采用思想史的方法，特别是强调"一般知识、思想与信仰"，因此我们需要把过去不太注意的材料，比如塾本等童蒙教材、非文字类的考古文物与图像资料、皇历一类通用手册以及戏曲、小说等通俗文学纳入思想史的视野。这次读《日本思想史》，也特别注意到，末木不仅讨论"王权"和"神佛"之间的冲突、协调和变化，而且如同前辈学者津田左右吉那部名著《文学中体现的我国国民思想之研究》那样，格外注意社会与文学中的思想史，在这部书里，我们看到他不仅常常涉及日本思想史学界过去引述较多的汉文汉诗、《万叶集》《古今和歌集》和《源氏物语》，而且也谈及物语、能乐、浮世绘、歌舞伎以及庶民文艺。特别有趣的是，在讨论明治时代的"文学家的抵抗"时，他还专门讨论了二叶亭四迷的《浮云》和岛崎藤村的《破戒》（191—192页），这不仅使得思想史深入了日常生活和民众观念，也使得思想史呈现出丰富的层次和多彩的背景。我们中国的思想史研究，也能把戏曲、小说、诗歌、绘画、雕塑等等纳入吗？这需要我们继续思考和实践。

五

正如末木在第一章中所回顾的，日本思想史研究有着深厚的积累，在第一章里，他提到大正时代的津田左右吉，昭和时代的和辻哲郎与村冈典嗣，马克思主义者的永田广志和三枝博音，以及战后产生巨大影响的丸山真男，日本思想史的研究曾经相当辉煌，也形成了日本思想史特别的分析框架和基本叙事。尽管末木在全书最后说，如今日本思想史研究盛况不再，各大学里仅仅剩下东北大学一个思想史讲座，并且略有悲观地用"知识分子的终结"和"幻想的终结"这两个"终结"，分别作为正文倒数第二节以及全书"结语"的标题。但是我仍然觉得，这并不意味着日本思想史已经走向"终结"。我的朋友黄进兴曾经说，近年来西方思想史在衰落，他还用了麦克阿瑟的名言"老兵不死，只是逐渐凋零"来形容这种颓势似乎不可逆转，但我也看到，最近的西方思想史领域也在逐渐回暖（中国思想史领域始终不曾衰落）。末木这部书，就恰恰说明，日本的思想史研究并不会"终结"，这本书的出版，也许象征着日本思想史研究的重新起步。在写最后这几句

日本思想史

话的时候，我突然联想到熟悉的艺术史家巫鸿教授，他在 2019 年的一次讲座中，用了"终止即开始"的标题。这个意思很妙，我也想借用这句话回应"终结"一说，"思想史研究会重新开始在结束的时候"，并以此与中国思想史和日本思想史的研究者们共勉。

葛兆光
2020 年 2 月 12 日至 19 日，疫情蔓延时写于东京

中文版序言

本书属于日本思想史的入门书，作为"岩波新书"系列丛书中的一本于2020年1月在日本出版。日本思想史头绪很多，牵涉佛教、儒学和神道教（国学）等多重因素，试图理出线索不是一件容易的事情。另外，日本思想大都可以溯源到中国，并且使用汉字表述，但却形成了与中国不同的思想传统，这更增加了理解的困难。

为了让读者了解日本思想史，本书的重点不在于列举思想家们各自的思想，而是考察思想展开的场域，揭示思想空间的构造。其基本构造是：世俗的王权与宗教的神佛形成相互对立的两极结构，它们影响巨大，日本思想史在两极的紧张关系中展开。近代明治维新以后，两极统合成一元，但其影响力仍然在持续。

所谓"神佛"，指日本包括各种神祇与佛教的佛菩萨在内的宗教权威，他们在现实社会中孕育了寺院和神社等实力强大的组织。神佛左右人们的命运，作为决定死后祸福的超越性存在被敬畏、崇拜。神佛力量最强大的时期是日本中世。近世（16—19世纪）以后，伴随着世俗权力的强化，神佛的力量逐渐衰减。但是，单凭世俗力量无法驱动民众，往往还需要借助神佛的力量。直到17世纪为止，佛教一直占据优势。18世纪民族主义的兴起成为转折点，神道教的势力不断扩张。19世纪主导尊王攘夷运动、推动明治维新的重要势力是平田笃胤门下的神道教信众。

这一两极构造在中世以后愈发复杂化。12世纪后半叶以后，王权内部又分化成以天皇为最高领袖的公家势力和以将军为领袖的武家势力，这一构造一直持续到19世纪中叶。在神佛的世界，外来的佛教与本土的神道信仰也构成了对抗的两极。由此，王权与神佛的两极构造各自进一步两极化，形成了权力分散的结构。

不同维度的两种权力，即世俗权力与宗教权力相互对抗，并且进一步多元化的日本思想的基本构造，与儒学作为唯一正统的中国思想传统有很大差异。在中国历史上，佛教与道教也一度在南北朝到隋唐时期拥有影响政治的能量，在其后的历史阶段也获得了民众的广泛信仰。但是，中国思想传统的主流始终是儒学，思想史的核心是儒学史。与此相对，日本思想史则必须透过上述

中文版序言

复杂的构造,才能获得恰当的理解。在比较两国思想史时,有必要认识到这一基本构造的差异。

不过,我对日本思想史构造的这一解读,在日本学术界尚未获得广泛的支持。如今,日本思想史研究领域成果层出不穷,年轻学者不断涌现。但是,学者们大多局限于佛教、儒学、神道教等各自的领域,对如何把握全貌的方法论探讨尚且不充分。本书的目的是希望推动相关讨论,作为一种探索,提出问题。

本书因此前在日访学的复旦大学葛兆光教授的雅赏与推介,引起中国学界关注,此次又承蒙北京大学王颂教授翻译,不胜感谢。王颂教授在日本国际佛教学大学院大学取得博士学位,是中日两国佛教史与思想史领域的领军学者,他的翻译值得信赖。衷心希望本书的翻译出版能成为推动中日两国思想史研究相互交流与探讨的契机。

末木文美士

2022年2月

序言：日本思想史的必要性

长久以来，日本人并未把日本过去的思想当作值得认真思考的对象。说起思想或哲学，人们一般指的是从西方传来的东西。那些擅长鹦鹉学舌的学者，用着最新流行的欧美概念，成为备受追捧的"思想家"。思想或哲学要么只是猎奇者的爱好，要么是赶时髦的玩意儿。离开它们，国家和社会照样运转。

然而麻烦的是，近二三十年来，欧美思想界也陷入停滞不前的状态，值得引进的新思想枯竭了。时代发生巨变，无论是日本国内，还是世界，各种问题扑面而来，世人无不感到彷徨无措。徒有其表的"思想"已经无济于事，如今正是真正的思想或哲学不可或缺之时。日本人有必要对自身准确定位，发掘出脚踏实地、具有洞见的思想。这必须是立足于过去，自然而然涌现出来的思想，而非牵强附会。

序言：日本思想史的必要性

有人慌忙将目光投向日本历史上的思想家。道元、本居宣长等人突然间成为万众瞩目的焦点。但是，唐突地将思想家们从思想史的脉络中抽离出来，不过是拾人牙慧、断章取义的做法罢了。要想对思想史中的个案进行研究，考察其定位，评价其长短，首先需要正确把握思想史的整体脉络。例如，准备研究西方哲学的人，如果一上来就单挑奥古斯丁或笛卡尔来阅读，而不了解他们在哲学史上占据着怎样的地位，恐怕难以获得正确的理解。

因此，整体考察日本思想史至关重要。日本思想是以何种脉络展开的？研究者的头脑中必须有一幅平面图，即便只有个大概，在此基础之上才能从事个案研究。最近零星出现了日本思想史的概论著作，但若以妥善把握整体而非拼凑个案为标准来予以评价的话，佳作并不太多。在这些著作中，日本过去的思想如拼图一样散乱，难窥全豹。

本书基于这样一个预设——那些思想绝非毫无秩序的凌乱存在，而是具有脉络的整体结构——尝试进行一种全景式的素描。"岩波新书"系列篇幅较小，有限于此，我们难以逐个地细致考察思想个案。但从某种意义上来说，深入个案往往障碍全貌，本书如同俯瞰图一样的考察，倒也许不失为好的选择。试图一口气囊括古今千年的历史，看似莽撞之举。不过即便莽撞，甚至会引起各式各样的误解，笔者也尝试提出自己的拙见，以供后来者批评，乃至另辟蹊径。抛砖引玉，诚为所愿。

关于本书是依照什么逻辑来考察日本思想史的整体脉络的，即方法论部分，请参考本书第一章。简言之，本书呈现的模式是，王权与神佛是日本古代社会的两极，文化与生活在两极对立的紧张关系下展开。通过考察它们之间如何关联、如何变化，得以呈现时代的变迁。日本民族绝不是疏于思考、敷衍了事的民族。他们一路跋涉，严肃地直面不同时代的问题，探索自身的生存方式。只有回顾先人的筚路蓝缕之途，并以此为精神食粮，我们才能获得构筑未来的远见。这样显而易见的道理，如今反而被抛之脑后。本书的目标，就是在上述认识的基础上，尝试迈出坚实的第一步。

第一章　如何把握日本思想史

1. 考察日本思想史的视角

日本没有哲学吗

"我们日本从古至今一直没有哲学",这句名言出自中江兆民《一年有半》(1901),当时他已经患上喉头癌,被宣告来日无多。在法国学习过哲学的中江兆民以严厉的口吻批评当时日本的"哲学家"无非"照搬泰西某某论说"。但中江同时认为"无哲学之民众,则无深谋远虑,不免浅薄",这说明他并不否定哲学的价值,恰恰相反,他比时人更加迫切地认识到哲学对日本的重要性。

中江兆民的这句名言广为流传,但人们逐渐遗忘了他的语境——期待日本产生原创哲学的迫切愿望,而仅仅把"日本没有哲学"当成了理所当然的事实。在战前几所主要的帝国大学里,一提到"哲学",就是指西方哲学,偶有中国哲学和印度哲学的讲座作为补充,但"日本哲学"却无人问津。

当然,假如非要到日本古代思想中去寻找和西方哲学相同的东西,恐怕会失望而归。但我们也不能误认为日本人毫无原则地苟活着,尽管这样的误解并不鲜见。自古至今,日本人也一直在认真地思考怎样理解人与世界,怎样生活,怎样的政治值得期待等问题。只不过,这样的思考与借助具有普遍性的逻辑进行理性建构的西方哲学有所不同罢了。而学人却以日本此前没有与西方哲学相同类型的东西,而无视先人的思想努力,搁置了相关研究。

日本思想史研究的黎明

在此背景下,日本人重新审视自身的思维方式,认为其与适用范围限定的西方哲学不同,能够灵活地包容多样形态。到了大正时代,又呈现出将这种思维方式置于日本历史中来阐释的动向,发其嚆矢者是津田左右吉的全四卷本《文学中体现的我国国民思想之研究》(1916—1921)。津田采用的思想史素材并非理论性文章,而是文学作品。其并非研究概念化的、抽象的理论,而是考察以国民生活心态的变迁为重点的思想变迁史。他把日本思想史划分成"贵族文学的时代"(推古朝前后至《新古今和歌集》

前后)、"武士文学的时代"(其后一直到江户时代初期)和"平民文学的时代"(宽文、元禄时代到明治时代初期)三个阶段,并加以通史性的叙述。津田长期在早稻田大学执教,对日本知识界影响甚大。

其后,则有和辻哲郎、村冈典嗣等人,通过他们的努力,日本思想史逐渐确立为一门独立的学科。和辻哲郎的《日本精神史研究》(1926)一书涵盖了文学、美术、宗教等广泛领域。他后来领导东京帝国大学的伦理学教研室,著成《日本伦理思想史》全二卷(1952)。村冈典嗣所著《本居宣长》(1911)一书受到高度评价,他为东北帝国大学奠定了日本思想史学的基础,并推进了《日本思想史研究》全四卷(1930—1949)等一系列扎实的研究。东北大学继承了这一传统,是主要的国立大学中唯一开设日本思想史讲座的大学,迄今仍然是这一领域的领头羊。

昭和时代,在国家主义思潮高涨的历史背景下,人们对日本思想愈发关注。持皇国史观的平泉澄等人也产生了很大的影响。另一方面,以马克思主义立场对"日本哲学史"进行的研究也在推进。其中的力作是永田广志的《日本哲学史》(1937)。从马克思主义出发的三枝博音编纂有《日本哲学全书》(1936—1937)全十二卷,成为这一领域研究的基础资料。同时,在皇国主义思想逐渐占上风的时代，其《日本的思想文化》（1937）对日本传统予以了客观冷静的考察。

丸山真男与战后的日本思想史研究

领导战后崭新的日本思想史研究的是丸山真男。丸山将自己在战争期间的研究成果汇编成《日本政治思想史研究》（1952）一书，引起巨大反响。该书考察了荻生徂徕以社会制度为圣人制作的观点，在其中发现了相对于"自然"更加重视人类"作为"的具有现代色彩的思想因素。这可以说是对"近代性是什么"以及"明治以前的日本是否具有独自完成近代化的可能性"等问题的回答，对其后的日本思想史研究产生了重大影响。丸山在东京大学法学部设立了日本政治思想史学科，他作为战后进步知识分子的领袖，于《现代政治的思想与行动》全二卷（1956—1957）中在思想层面深刻剖析了战前的日本法西斯主义思想，后又于《忠诚与反逆》（1992）一书中提出了日本文化的"古层"概念，在传统思想研究领域掀起了波澜。

战后，出于对战前皇国史观和国体论的逆反，在马克思主义等思潮的影响下，进化史观也浸透到思想史领域，一批学者表现活跃，比如从佛教史转向近代思想研究的家永三郎。以上世纪七十年代为中心，《日本思想大系》全六十七卷（1970—1982）、《日本的名著》全五十卷（1969—1982）、《日本的思想》全二十卷（1968—1972）等原典及翻译系列丛书出版，构筑了日本思想史研究的基础。日本思想史研究在此基础上愈发活跃，积累了坚实的成果。1968年，日本思想史学会成立，出版了会刊《日本思想史学》，此外还刊行有《季刊日本思想史》。近年有《岩波讲座日本的思想》全八卷（2013—2014）、《日本思想史讲座》全五卷（2012—2015），汇集了最新的研究成果。另外，《日本思想史辞典》（2001）等辞典类书籍也陆续出版。

日本思想史研究的困难

日本思想史研究领域不断积累成果，海外的研究者也越来越多。但由于研究对象和方法多样，研究者难以达成标准化的共识。怎样才能把握思想整体的脉络和动向，而不纠缠于琐碎的知识，尚不明确。为什么会有这些困难？

最主要的原因在于日本思想大多是通过吸收与转化外来思想而形成的。在日本的前近代时期，其思想来源主要是中国的佛教和儒教。日本对中国思想的逆反也催生了主张日本独特性的国学和神道。这些思想所尊崇的经典与运用的概念都各不相同，似乎以相互隔绝的状态并存于日本。佛教依据翻译自印度的《大藏经》，儒教依据源于中国古代的《论语》等十三经，国学则尊奉《古事记》《日本书纪》等日本古典文献。因此，想要形成综合的视角并不容易。

另外，日本思想史缺乏西方哲学史那样的明确线索，看起来不同的思潮同时并存，繁芜丛杂。儒教重视政治与伦理，佛教和神道重视宗教思想，二者的问题意识全然不同，他们的讨论很难达成共识。此外，文学与艺术等领域也发展出自身的思想。所以，各个研究领域形成了专业化的分工，难以整合。在日本中世，以佛教为代表的宗教思想占据主流，近世则以儒教和国学为代表的政治思想史为中心，纵向的时代之间存在思想上的断裂，难以呈现连续的线索。如何克服这些难处，以把握日本思想史的整体脉络？本书旨在提出一个初步看法，以抛砖引玉。

2. 日本思想史的结构——王权与神佛

王权 / 神佛 / 思想

能否从大的趋势上把握日本思想史的全貌？比起个别的思想，这些思想在怎样的思想框架中得以展开更为重要，因此，本

第一章　如何把握日本思想史

书首先假设日本思想史具有整体的结构，进而叙述思想个案于整体结构中的发展。

形成该结构的要素有哪些？作为根本要素，可以想见相互对抗的两极：王权和神佛。王权具有统治国家的政治机能，代表世俗权力；与此相对，神佛在超越世俗之处向世俗维度施加力量，可称为宗教要素。前者代表正在显现的现象，是"显"的世界；后者则超越前者，是非显现的世界，可以称为"冥"。"显"与"冥"是中世佛教使用的词，神道教称后者为"幽"。由于本书的主题是思想史，所以我们的焦点不在于神佛自身的思想，而是如何在思想史的整体脉络中认识神佛。可以说，在王权与神佛两极之间存在着各式各样的思想、文化以及民众生活，它们并未被某一极彻底同化吸收。

这样的思想史结构更适用于到近世为止的前近代。明治维新后的近代，神佛与王权二极以天皇为中心集中为一元。这一体制在战后解体，西方的现代民主理念成为思想基础。由此可知，日本思想史大致可以三分为前近代、近代、战后。我把它们分别称为"大传统""中传统""小传统"。所谓"传统"并不仅仅意味着时代区分，各个传统各自的内部亦层累叠加，共同构成了今日的日本思想文化。关于三种传统，详见下文。为便于理解，本书也会附上图表,以供读者参考。

"大传统"的结构

在"大传统"的结构中,发挥巨大力量的王权和神佛位于两极,在二者相辅相成的紧张关系中,形成了多样的思想文化以及社会生活(图1)。王权关乎世俗的、现世的"显"的世界秩序,神佛则关系到其背后的超世俗的、超现世的"冥"的秩序。一方面,世俗王权保护神佛,同时也畏惧神佛势力坐大,因此要统管它。但是,我们不能无视具有超越性力量的神佛。因为另一方面,神佛具有超越世俗的"冥"的世界的强大力量,对王权或是支持,或是抨击与反抗。双方既相互抗衡,又保持互补。中世便是"王法佛法相依"的关系。文化与社会活动,以及民众的生活,在二者的紧张关系中开展起来。

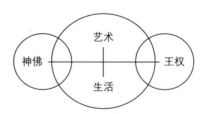

图1 日本思想史的构造(大传统)

第一章　如何把握日本思想史

　　由此看来，我们不得不从三个领域来考察"大传统"的思想史：第一是与王权相关的思想，也即政治思想；第二是与神佛相关的思想，也即宗教思想；第三是在二者的紧张关系中展开的思想，例如经典解释等知识阶层的智识生活，以及文学、艺术思想，或包含实践的伦理思想，更加贴近生活的医学、历法、劳动、技术等思想也不容忽视。总之，"大传统"的基本形态由三个领域构成，即便三者各自的内部结构或相互关系随时代有所不同，但通盘考虑三者，或许更有助于我们把握时代的思想变迁。

　　王权与神佛的紧张关系的确构成了中世思想的主要线索，然而在古代和近世，这种紧张关系却未必存在。在古代，王权和神佛各自发展，密切牵连，但未必成为关系紧张并互补的两极。不过，仍可将其视为两极结构稳定之前的形成过程。可以看到，稳定的两极结构于平安中期形成，因此我将其视为中世的开始，这与常识所区分的古代和中世略有不同。

　　若与中世相比，近世看似神佛力量很弱，世俗化进展显著，但实际上，江户初期，儒教力量尚未壮大，反而是崇传、天海等佛教徒一直在推动着政治进程。江户中期，世俗化确实在推进，但江户后期，复古神道也显著发展。因此，只以世俗化解释近世思想史是无法解释此类现象的。而在"大传统"的脉络中可以看出，神佛问题是贯彻整个近世的重大问题。另外，本书以战国时代为近世的开始。战国时代，在王权方面，一直存续到江户时代的大名逐渐加强地域控制；在神佛方面，由于基督教的传来，宗教思想发生巨大转变，或可认为影响了江户时代的宗教政策。

"大传统"具有王权与神佛二极，二者各自内部又具有层累结构，颇为复杂。就神佛而言，本土神和外来佛是什么关系，兹事体大。除此之外，还有佛教与神道的思想体系问题。原本并没有所谓"神道"理论体系，它之所以能自觉形成，始于佛教"本地垂迹说"将神作为佛在日本的"垂迹"，继而在中世摸索出独特的思想体系。因此在近世末的复古神道中，排佛立场颇为鲜明，这也影响了明治初期的神佛分离以及废佛毁释政策。

另一方面，王权内部也具有多层结构。首先，在平安时代摄关制度确立，随后在院政时期，上皇作为治天之君掌握实权，天皇（帝）逐渐成为形式性、礼仪性的存在。镰仓时代以后，幕府进而掌握实质的政治权力，与朝廷形成了二元体制（图2）。到了近世，即便幕府权力扩大，天皇依然存在，起到维持重大礼仪的作用（图3）。不久后的江户后期，天皇的重要性重新受到瞩目，进而影响了明治维新。

第一章　如何把握日本思想史

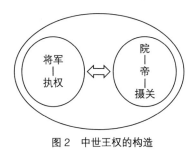

图2　中世王权的构造

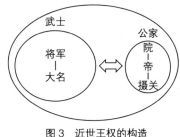

图3　近世王权的构造

从"中传统"到"小传统"

"中传统"是从明治维新以后直到第二次世界大战日本战败为止的思想结构。这个时期，大传统的两极结构，以及各自内部层累叠加的复杂结构不断崩坏，转变成了以天皇为顶点的一元结构。如图4所示，"中传统"具有四个领域。"显"一侧的顶点表示，由于西方的新思想文化传入，日本制定了宪法，成为与欧美并列的文明国家。"儒教"处于"显"之下，儒教推崇的忠孝道德伦理成为"显"的必要支撑。相对于世俗领域，在神佛代表的"冥"的领域中，神社进行了重组，祭祀天皇祖先的伊势神宫是其顶点，相反，普通民众则以佛教形式来祭

图4　日本思想史的构造（中传统）

祀祖先。这一结构在整体上形成了家父长制的体制，天皇的地位是全体国民的家父长。在"中传统"的结构下，日本开始接受西方的现代思想文化，形成新思想（参照第十章）。

由于第二次世界大战日本战败，"中传统"瓦解，新的"小传统"形成，其思想结构主要是：和平、人权、民主被视为人类共同价值；代表王权的天皇仅具有象征意义，不予讨论；同时不再考虑神佛等宗教元素。但是，不符实际的匆忙赶造的理想主义终究是表象，实质是日本在冷战结构中只能依附美国，处于半独立状态。在此背景下，基于表象的战后进步主义发展起来。"小传统"解体后，如今的日本已经陷入后现代的思想崩坏状态。由于篇幅所限，本书对"小传统"以后的情况只能浅尝辄止，期待有另外的机会加以阐释。

3. 作为前提的中国

作为典范的中国思想

日本思想的特征总是被外来思想决定，另一方面，日本也曾追求原创性的独特思想。所谓外来思想，在前近代是中国思想，在近代则是西方思想。首先，我们尝试考察一下前近代的"大传统"

第一章　如何把握日本思想史

思想结构。

一般认为，中国古代王朝殷商始于公元前1600年左右，而日本在三世纪的邪马台国时期才形成所谓国家，而在此近两千年前，中国就已经有了历史，有了文字文化。此后，周朝在公元前十一世纪左右兴起，从周朝分裂到春秋战国（前770—前221），再由秦朝（前221—前207）完成统一。中国的王朝经历了古代统一王朝西汉（前206—8）、东汉（25—220），直到三国时代的魏才终于有了邪马台国朝贡之事。可以说，在日本终于唤醒文明的时刻，中国已经结束一轮历史，进入了下一个循环。中国又经过两晋南北朝时期，再次统一为新的帝国，这就是日本所全面学习的隋唐时代。但是，新兴国家日本无论多么努力，终究无法在历史厚度上取胜。

中国之所以认真开始向日本学习，是因为日本进入近代后，在吸收西方思想上先行一步，中国人继而紧随日本。在此之前，中国普遍视日本为边地的蛮国，毫无值得借鉴之处。从日本的角度来看，中国总是先进国家，因此日本应以中国为典范来构建本国的思想。

在中国的春秋战国时代，被称为"诸子百家"的思想家们登上舞台，政治思想往往在其中占据核心位置。相对于提倡"兼爱"

（平等的爱）的墨家，基于"礼"的秩序重视人际关系的儒家逐渐强大。秦朝的统一以提倡严刑峻法的法家学说为基础，与此相对，汉朝则采用了儒家的德治主义，并将其国教化。汉朝的儒家（儒学、儒教）采用以天为本的形而上学，建立"天人感应说"。主张"天人感应说"的是董仲舒，他认为，"天"根据统治者也即"天子"在政治上的恶与善，显示灾异或祥瑞，由此贯彻惩罚恶政、劝勉善政的德治主义。更加极端的情况下，天子若实行酷政，天就会抛弃这个王朝，给予有德的新王朝以统治权，这就是革命。王朝统治者的姓氏发生改变，因此也称为"易姓革命"。《孟子》阐释了革命理论，将王朝的交替合法化。中国的王朝需要获得"天"的承认才成为正统，从这一点来看，与西方的"王权神授说"有相近之处。

皇帝之下的官僚掌握实际的政治权力。在六朝时代，世袭的贵族掌握权力，一直持续到唐代，但世袭权力的继承并非主流，宋代以后则是通过相当于公务员考试的科举来选拔官僚。科举考试重视儒教经典，因此儒教经典研究非常兴盛，特别是朱熹确定的新注释，作为官方学说逐渐被运用于科举。科举考试还要考察写作能力，因此，通过考试的官僚是既博通古籍又精于写作的知识分子（士大夫）。由此，在中国的统治结构下，天—皇帝—官僚

(知识分子)———般庶民的立体型基本结构成为了典型(图5)。到了明代,在普通庶民中也出现了具有经济实力,能担当新文化领袖的人。

另外,中国把基于儒教"礼"的德治主义当作文明化的标尺,从而认为只有实现"礼"的汉民族才是"中华",其周边民族是劣等的野蛮夷狄,这样的华夷思想成为常识。单凭武力取胜的征服霸权不能获得合法性,因此必须成为建立礼制的文明国家。正因如此,周边的不同民族也效仿中国,采取儒教的礼制。同时,在华夷关系方面,中国以册封体制在实际的外交中定位自身与周边国家的关系。在册封体制下,周边国家向中国朝贡,中国皇帝再授予称号和印章,以明确尊卑关系。周边国家虽然在形式上地位卑劣,却获得了一定程度的实际利益,双方由此构建和平关系。

图5 作为比较对象的中国思想

佛教的定位

在这样的中国思想史脉络中,该如何定位佛教和道教?让我们首先追溯佛教的起点。毋庸置疑,佛教诞生于印度,并通过陆上和海上丝绸之路进入中国。佛教通过翻译被导入全然不同的思想文化中，肯定会产生巨大的变化。但是，无论多大程度的变化，都是与中国正统的儒教全然不同的宗教思想。这种异质性备受瞩目。佛教一方面蒙受着来自正统儒教与政治权力的双重压力，一方面又承担起儒教无法回应的大众精神需求。

佛教与中国正统思想最大的不同并不在于政治思想，佛教是追求从个人的苦难中解脱的思想。佛教以出离世俗秩序，游心"方外"世界为理想。这会受到儒教出于世俗伦理立场的批判，但对于在世俗中受苦的知识分子而言，佛教实现了避风港的功能。佛教并非与政治绝缘，例如从六朝时代至唐代，特别典型的是则天武后的周代，不过，就整体思想史而言，这些可视为例外。但是在南北朝时期的北朝等外来民族统治的地域，佛教具有巨大的力量。佛教还有一个重要作用，即渗透于普通民众中，凝聚信仰。特别在明代以后，这一倾向非常显著，有时也会产生白莲教一类的反体制教团。

道教原本来源于老庄思想，后来通过把老子神格化而发展起来，形成追求长生不老的神仙思想。在一定程度上，道教比佛教世俗性强，但二者共通之处是都具有隐居山中的方外元素。并且，道教比佛教更能作为民众宗教形成集团，从而经常成为反体制运动的核心，震动东汉的太平道就是典型。

第一章　如何把握日本思想史

中国思想和日本

若比较日本与中国的体制，会发现二者差异显著。日本确实从中国吸收了基本的思想元素并竭力模仿。但是，日本在效仿中国的过程中所形成的稳定结构，却与中国差别很大。中国以"天"与"天子"（皇帝）的关系为基础的结构，内涵清晰，容易理解。相较之下，日本王权则复杂得多。在日本，"天"并非承认王权的超越性存在，天神是王权中心天皇的祖先，也就是说，天皇在血缘上与"天"相连。从近世到近代的"中传统"，日本没有发生中国的"易姓革命"，王朝一以贯之，后来日本宣传这是本国优越性的体现。

其次备受瞩目的是王权与神佛的关系。中世与近世的日本确实存在像即位灌顶这样的仪式，但其基本框架是上述王权与神佛之间的紧张的互补关系。神佛既超越现世，又于现世显现巨大作用，与王权密切关联。同时，王权内部又具有层累结构。与统治广大地域的中国不同，日本不需要一元性的强大王权，可以说保存了多元性。直到暴露于危机之下的"中传统"时期，日本才第一次实现强大的一元统治。

由于中国之大，日本常受其先进的思想文化"压制"。日本在接受它的同时，也在持续抵抗。探索自身独立性成为催生本土思想的巨大动力。大和朝廷从早期与中国的册封关系中脱离出来，唯日本中心的日本形态华夷思想日益彰显。日本不像朝鲜那样与中国接壤，而是与中国隔海相望，或许对形成这样的华夷思想起到一定作用。由此可知，若不考察日本与中国的关系，以及近代以后与欧美的关系，就无法理解日本思想史。

I

思想的形成（古代）

至 9 世纪

第二章　日本思想的形成
——飞鸟、奈良、平安初期

1. 律令与神话

国家的形成

日本在相当长一段时期内都没有文字，其间未留存任何古文字记录。中国史书中的零星片段提供了了解早期日本的外部视角，首先最引人关注的是《三国志·魏书·倭人传》，其中详细记载了三世纪左右"倭"的局势。彼时，倭地邦国林立，纷争不止，各国为平息乱局，拥立了共同的女王——邪马台国的卑弥呼。以王权思想史的视角来考察邪马台国，有以下几点值得关注。

第一，据说卑弥呼"事鬼道，能惑众"，具有显著的萨满特征。日本自古以来的宗教常常被视为泛灵论，其实毫无证据，相反，神灵附体的萨满形态在民间延续至今。一般认为，天皇的起源也具有萨满特征。但是，邪马台国的实际政务由"男弟"辅佐，可以想见他们采取了一种政教分离的体制。据《日本书纪》记载，崇神天皇六年，与神共住的天皇"畏其神威，共住不安"[1]，于是托丰锹入姬命，于倭国笠缝邑祭祀神。这种政教分离并相互补充的体制成为了此后政教关系的一个蓝本。

第二，邪马台国向魏国朝贡，并接受魏国的金印，加入了中国的册封体制。根据出土于北九州的"汉委奴国王"金印可知，在东汉时期，倭国就已经开始接受中国皇帝授与的金印。此后，于五世纪，倭国的"五王"开始向南朝宋朝贡。有学者推定"五王"最后一位"武"应是雄略天皇，与稻荷山古坟出土的铁剑上面的铭文"ワカタケル大王"是同一人。这一时期，大和朝廷正在逐步推进日本的统一。但随后，日本不再向中国朝贡，并逐渐从中国的册封体制中脱离。此后，日本一方面受到中国文化的压倒性影响，另一方面也在努力维持自身的独立地位，而非中国的附庸。

大和朝廷实现了国家的统一。统一进程在六世纪加速，在六世纪末到七世纪初的推古朝取得长足进展。推进推古朝政策的是圣德太子（厩户皇子）。后世赋予了太子各种各样的传说，其真实

---

[1] 《日本书纪》卷五。

第二章　日本思想的形成——飞鸟、奈良、平安初期

情况已不得而知。关于圣德太子在遣隋使问题上的参与程度，我们同样难以断言，但至少可以从中窥见当时日本的国力已不容小觑。《隋书》记载，遣隋使递交的日本国书曰"日出处天子致书日没处天子无恙"，这种无礼让隋炀帝不悦。这不是日本请求隋朝册封的朝贡关系，而是与隋朝开展平等外交的尝试。

相传由圣德太子制定的《十七条宪法》不能排除后世创作或增补的可能性，是否确实创作于推古朝的宪法也难以确定，但《宪法》第一条以《论语》的"以和为贵"为始，反映出太子想依据礼的秩序来统治豪族联合体的方针。除此之外，第二条的"笃敬三宝"也反映出太子皈依"万国之极宗"的佛法，并以之构建文明国家的理念。

律令与其变容

日本如何才能在受到中国文化压倒性影响的同时，维持自身的独立性，避免被纳入册封体制？为此，日本有必要建立完备的体制，证明自己是与中国平等的文明国家。讽刺的是，追求独立反而加剧了模仿，这正与明治维新探索的道路如出一辙。从先进大国继受而来的制度则加强了作为豪族联合体的大和朝廷的中央集权权力。

中央集权结构的形成过程贯穿整个七世纪，特别是以"大化改新"为契机，制度得到进一步完善。大化二年（646）的《改新之诏》（《日本书纪》）明显有后世添笔的痕迹，因此可以认为，基于公地公民所建立的土地制度，以及管理户籍、税制、地区统治的国郡制度并非一开始就成为正式的律令，而是经过了不断的构思与完善。从天智朝到天武朝，正式的律令编纂在此基础上得以开展。

肇基于天武天皇并完成于持统时代的《飞鸟净御原令》（689）是第一部格式明确的律令，紧随其后的《大宝律令》（701）则是真正意义上的律、令俱全的法典。《大宝律令》已佚，其修订版《养老律令》）（757）成为后世制定律令的规范。《养老律令》包含三十篇令，首先是官位令、职员令，其中规定了作为制度基础的官员的等级和官署，其次是神祇令与僧尼令，并于户令、田令、赋役令中探讨了户籍、田地、税制等问题。

律令由此成为涉及国家方方面面的完备法典，但若论其实践意义，多少有些纸上谈兵、不切实际。后来朝廷又对律令的"格""式"有所调整以切合现实，尤其是《延喜式》（905），它被视为各式礼仪的规范。平安中期，律令政治已经有名无实，这标志着从古代到中世的转变。

第二章　日本思想的形成——飞鸟、奈良、平安初期

律令并非毫无意义。律令在形式上存续到近世末期，一方面体现为划分国家单位的国郡制度，另一方面是职官体系。虽说官位已经徒有虚名，但近世仍保留了武士取得官位的惯例，朝廷仍具有授予官位的权力，保持着形式上的尊位。讽刺的是，明治维新打着回归律令根本、恢复神祇官与太政官的旗号，却废止了国郡制度与官位，反而给予律令制度致命一击。由此，大传统终结，中传统时代来临。

神话与历史

在七八世纪，除了律令，史书编纂也对完善国家制度发挥了巨大作用。在中国，通常由下一个王朝执笔前朝历史，由此来证明王朝更替的合法性。但日本没有王朝更替，日本朝廷需要通过自己编纂史书来证明自身的合法性。史书编纂始于推古朝，至天武朝规范化，最终由《古事记》与《日本书纪》集大成。《日本书纪》被视为正史，此后，从《续日本纪》（797年完成）到《日本三代实录》（901年完成）又陆续编纂了五部史书，加上《日本书纪》，合称为六国史。

在《古事记》与《日本书纪》的起始，神代占据相当大的篇幅，其内容杂糅了神话与历史。《日本书纪》与《古事记》的神话并不相同，《日本书纪》还以"一书曰"举出许多异说，可见神话传说

错综复杂，并无确定的体系。但在考察神话的功能方面，细微之差也可能具有重大意义。比如，所谓"天孙降临"的神话就对证明天皇的正统性至关重要。天照大御神之孙琼琼杵尊被派遣到地上，其曾孙神倭伊波礼毗古命也即神武天皇即位，子孙们作为天皇代代相传。日本天皇的正统性来自神的连续性，与以天命决定皇位人选的中国非常不同。

"天皇"这个称号究竟成立于推古朝还是天武朝，学界尚有分歧，但是，举天皇为尊者的尊王思想，在天武天皇以来的律令时代以及《古事记》《日本书纪》的成书时代最为高涨。为抗衡中国的"皇帝"一词，日本有意使用来源于道教的"天皇"一词。"天"在中国通常是高度抽象的概念，是具有超越性的绝对存在，而在日本，"高天原"意味着众神或众神居住的地区，这反而与佛教和道教等非正统的中国宗教有共通之处。

在天武朝之后的时代，天皇自身也被当作神的"现神"（现世神）、"明神"，获得权威。在文武天皇的即位宣命中，"现御神（止）大八岛国所知天皇"（《续日本纪》）成为天皇向臣下下诏的固定句式，宣命中的"高天原（尔）事始"一句强调了神与当今天皇的连续性，这是天皇自身正统性的根据。把天皇自身视作"现神"的思想恐怕只流行一时，后来则流于形式。但这个宣命的起首句式被后世沿用，没有改变。在近代的"中传统"中，这样的思想又具有了"现人神"的崭新内涵而复活。

2. 众神与佛法

众神的秩序

由于日本众神来源多样，且层层叠加，其特征难以捕捉。《古事记》与《日本书纪》篇首的神话实际很晚才定型，需作慎重处理。原来的神未必具有个性，只要人们触犯禁忌，它们就会出来作祟报复，因此人们必须谨慎祭祀。神也会化身为动物。大和武曾化作白猪报复伊吹山神，最终丧命。雄略天皇在葛成山狩猎之时，出现了一行人，其装束与天皇所率领的军队一模一样，雄略天皇对其无礼，得知对方是葛城山的"一言主"神之后，急忙叩拜才没有酿成大事。可见，神威足以让天皇畏惧。

《古事记》与《日本书纪》中有些神话具有古老的元素，但经过了后人的编纂与整合，各种异说交织错杂。整合神话的最终意图是建立意识形态，也即，把诸氏族的祖先神编入有秩序的神谱，以服从天照大神的子孙——天皇。大和朝廷在性质上本是诸豪族联合体的盟主，并未持有绝对权力。正因如此，为了彰显堪比中国皇帝的强大权力，有必要以祖先神的等级建立君臣有别的秩序。从"大化改新"到编纂律令，藤原（中臣）氏发挥了巨大作用，他被视为追随天孙降临的春日大神的子孙。平安初期编纂的《新撰姓氏录》(815)收录了一千余氏族，其祖先被分类为皇别、天神、天孙、地祇、诸蕃（渡来人）。

由于众神体系的建立，作为众神子孙的氏族实现了秩序化，天皇位于该体系的顶点。但是，说到底众氏族也都是神的子孙，他们的阶层只具有相对区别。为了保证朝廷统治的稳定与延续，朝廷必须具有不同于其他氏族的绝对优越性。一方面要依靠臣下诸氏族的力量，但同时又必须保持自身地位的绝对性以及君臣差异，天皇的统治不得不在这种矛盾中寻求平衡。这样难免会诱发政变。迫于这样的形势，天皇本人就是神的"现神说"应运而生。可见，王权的结构依然残留着不稳定因素。

在律令成立时期，"神"的观念尚在萌芽。神祇令中虽然列举了各季节的祭神节日，但欠缺详细规定。直到《延喜式》出现，节日的详情才得以记录。

佛教国家的理想

我们常使用"神佛"这个固定搭配，将神与佛等量齐观，但

第二章 日本思想的形成——飞鸟、奈良、平安初期

实际上二者绝不对等。在律令条例中，神祇令列举了全年的祭神节日，而僧尼令主要是针对僧尼犯罪行为的处罚条例，因此二者性质迥异。与"神"相关的仪式系统行将完成之际，中国的佛教已经在宏伟的寺院、华丽的礼仪、浩繁的典籍的基础上，开始构建精致的教义体系，因此，从一开始二者就很难相提并论。

在中国南北朝取得重大发展的佛教，经由朝鲜半岛，在复杂的国际形势下传入日本。在中国，从南北朝到隋唐时期，佛教拥有强大势力；在朝鲜半岛，从三国时代到统一的新罗，也是佛教全盛时代。因此，相较于中国正统的儒教礼仪与学说，佛教反而被日本当作最新文明的核心加以接受。日本派遣遣唐使之时，僧人也一同出海赴唐以索求经典和学习教义，各种最新文化与之相伴而来。建筑、铸造、历法、医术等科学技术也屡屡与佛教一同渡海而来。使用最新技术建造起来的宏伟寺院作为新文明的象征威示大众。以玄昉为代表的带回先进知识的僧人，甚至作为第一等级的知识人在政治上受到重用。

律令体制的确立期，同时也是由国家主导推进佛教兴盛的时期。国家期待佛法的强大力量能有助于律令性国家体制的建设。这种期待在圣武天皇时期达到高峰。圣武天皇在全国创建国分寺、国分尼寺，在都城创建东大寺，并推进铸造象征国家繁荣的

卢舍那大佛。749年，圣武天皇赶赴东大寺，在大佛告竣之时，发誓作为"三宝之奴"奉佛。作为"现神"的天皇又变成了佛之奴，也就是说，王权被置于佛法之下。大佛的建立是朝野合作的国家大工程，不仅朝廷，民间出身的行基也积极协助。把圣武天皇与行基构筑的佛教全盛时代视为理想的历史观，在平安初期药师寺景戒著成的《日本灵异记》中得到印证。为使王权获得超越氏族共同体的绝对性，具有凌驾众神之力的佛法不可或缺。由此，佛教徒也扩大了政治上的发言权，在此背景下，称德天皇开始重用道镜。王权与佛法一体化产生了一定的弊端，如何分离王权与佛法，探索二者的新型关系，成为下一个时代的课题。

新王法及其与佛法的关系

由于称德天皇无后，天武天皇一系子孙断绝，属于天智天皇一系的光仁天皇即位。光仁天皇之后，桓武天皇即位，其母是渡来人。为使人心焕然一新，桓武天皇迁离平城京，先定都长冈京，后又迁都平安京。都城自此稳定下来，延续千年之久。桓武天皇随即要清除佛教的影响。平城京在条里内外有许多寺院，呈现出佛教都市的面貌，而桓武只在平安京南端设置东寺与西寺。桓武最初并不承认东寺与西寺之外的寺院，意图打造纯粹的世俗都市。

第二章 日本思想的形成——飞鸟、奈良、平安初期

但是，这些举动并不意味着全面排斥佛教，正相反，桓武天皇的统治急需新形式的佛教。在长冈京建设时期，桓武天皇弟弟早良亲王因藤原种继暗杀事件而受牵连，在流放途中忧愤而亡。相传由于他的冤魂作祟，灾祸不断，政局不稳。为了平息社会和民众的不安，新都城需要新佛教的镇护。首先回应这一需求的是最澄。最澄开山的比睿山虽位于首都附近，却是座深山，适合营造远离世俗的清净佛国世界。最澄在此闭关修行十二年，他也这样要求他的弟子。

但是，最澄无意彻底割断与世俗的联系。他在闭关之后，不问俗务，但仍谋求于世俗中实现佛法理想。最澄所撰《山家学生式》主张独特的大乘戒，其中的名句"照千一隅，此则国宝"意指照亮大千世界，连一隅也不遗漏，这样的佛教精神领袖相当于国宝。国宝在中央指导，国师和国用则将其应用于地方。最澄以建设这样的理想佛教国家为目标。因此，世俗需要佛法的镇护，佛法需要在世俗中实现理想，新王法与佛法的关系在双方各有所求的情况下得以构建。有鉴于奈良朝双方关系过于紧密的教训，世俗的王法与超越世俗的佛法在保持距离的同时，在一定张力下构建起双方的新型关系。

空海的活动稍晚于最澄，但由于宏大的密教曼荼罗世界观以

及在此基础上的仪式系统，空海获得王权的更多青睐。他区别利用远离都城的高野山与在都城内的东寺两个据点，灵活调整与王权的距离。他还在宫中创建真言院，举行"后七日御修法"，使真言密教变得对王权必不可少。从《秘密曼荼罗十住心论》的体系亦可知，在佛教看来，世俗的法只是初级的、低维度的智慧。但是，世俗法被纳入佛教体系之中，便于在佛教内部占有一席之地，从而使构建二者的有序关系成为可能。

最澄和空海构筑了这样的世俗与佛法的新型关系：双方既具有各自的独特世界，又对彼此来说不可或缺。这一关系结构贯穿中世，以更加成熟的形式被后世继承与延续。

3. 儒学与诗歌

汉学与儒学的受容

为了完成律令体制，确立新的统治形式，领导人需要具备相应的见识。左右各个时期动向的正是拥有强大力量的高层政治家，例如推古朝的圣德太子、天智朝的藤原镰足、律令确立期的藤原不比等等人。他们观望大陆的动向与本国的形势，力图建立新秩序。

第二章　日本思想的形成——飞鸟、奈良、平安初期

为使政策落到实处，领导人麾下具备相应能力的优秀官僚也必不可少。熟悉中国的语言文字自不待言，他们还必须通晓中国的经典与历史，满怀学习新文化的热忱，有能力写一手好文章。如第一章所述，中国文明是文字与典籍的文明，在日本总算唤醒文明之际，中国已经具有了两千年的文化积累。接受并活用中国文化，成为受中国认可的文明国家，并非寻常之事。

不过，日本最初并没有多少此类人才，许多时候需要依靠来自朝鲜半岛的移民。在应神天皇时代，来自百济的王仁传授了《论语》与《千字文》，后来在继体天皇时代，百济轮番派遣五经博士前往日本。如果佛教是在钦明朝传入日本，汉籍与儒教的传入时间可能也在此前后。虽然佛教备受瞩目，但汉学、儒学（儒教）与佛教几乎在同一时间被日本接纳。大化改新时期，文化引进往往需要依靠渡来人，后来，随着遣唐使多次赴唐，带回文物与书籍，日本人赴唐留学以学习先进文化蔚然成风。

特别是717年的遣唐使中，吉备真备、玄昉、阿倍仲麻吕等人作为留学生一同前行。阿倍仲麻吕留在唐朝就任官员，与李白等文人交往甚密。真备和玄昉则一同在唐刻苦钻研，真备携带经书、天文历法书等许多汉籍，玄昉携带大藏经回国（735）。二人皆被橘诸兄政权重用，在政治上发挥重要作用。

在律令体制下，朝廷奖掖学术，于式部省之下设置大学寮。其中设有博士1人、助教2人，音博士、书博士、算博士各2人，以指导400名学生。学生一开始由音博士教授汉文的音读，其次听取博士和助教的讲义。学令中详细规定了大学的教育，在教授内容上列举了《周易》《尚书》《周礼》《仪礼》《礼记》《诗经》《左传》《孝经》《论语》。大学已然是儒教的中心，其教授内容主要是儒教中正统的经书，还会举行祭祀孔子的释奠礼。此外，地方上也设置了国学以教育郡司子弟。

汉诗、汉文与文人世界

由此可见，一度被佛教抢了风头的儒教也进入了朝野人士的视野，汉风文化随之繁荣。贵族纷纷学习读写汉文，学习内容并非仅限于儒教的政治伦理，还包括汉诗文与音乐等雅文化的鉴赏。此际的中国，从三国时代末的竹林七贤时期开始，人们厌恶混乱的政治，逍遥于山水之间的隐逸思想非常流行，老庄思想和神仙思想受到青睐。天武朝以后，天皇频频行幸吉野宫，吉野尤其受到持统天皇的喜爱，这归根结底是受到了神仙思想的影响。

编者不明的汉诗集《怀风藻》（751）收录了近江朝以后的64位天皇、皇子、贵族的汉诗，共计116首。其中虽然也有被疑谋反而自杀的大津皇子的《临终》这样严肃的诗，但多数还是宴席上的应景之作，并没有深刻的问题意识。尽管如此，仍有不少欣赏和享受自然的诗歌，开辟了不能归约为政治与宗教的文人雅趣的崭新世界。

在平安初期，汉诗文风靡一时，《凌云集》《文华秀丽集》《经国集》等敕撰集陆续编纂，石上宅嗣、淡海三船等文人非常活跃。尤其是空海，尽管他是僧人，原本也在大学学习，他在入唐后不仅学习佛法，还广泛学习文学与书法。空海于入唐前撰写了《聋瞽指归》（三教指归），其内容是对儒释道三教的比较，令人瞩目的是他能自如地运用四六骈体这一颇具技巧的文体。空海的汉诗文收录进了《性灵集》，他还撰有中国诗文理论书选粹《文镜秘府论》。空海还以书法家闻名于世，是引入中国文化的最重要的先驱之一。

万叶的歌人们

从奈良朝到平安朝初期，一方面，以汉文诗为中心的文化达到全盛，另一方面还编纂了《万叶集》，相对于汉诗的和歌文化开始成熟。《万叶集》的代表诗人柿本人麻吕以宫廷诗人的身份活跃于天武朝至持统朝。他以和歌的形式展现《古事记》《日本书纪》中神话与王权的交错的场景，生动地讲述了神话的形成。卷二的日并皇子尊的挽歌是其典型。日并是天武与持统之子，即草壁皇子，他作为天武的皇太子，有望成为下一任天皇，但不幸早逝。人麻吕的宏大挽歌庄重地歌吟道："稽古天地初开辟，天河原上光赫赫。八百万神千万神，神集神议神定策。"[1] 他以混同神话的形式，歌咏天武的统治、对草壁的期待，以及对草壁早逝的悲叹。和歌与殡葬仪式一体化，发展出巫术特征。不同于智识所构建的汉诗世界，和歌展现出本土的礼仪世界。顺便一提的是，"大君为神"所体现的"现神"思想，亦可见于以人麻吕为代表的和歌作品中，并且，现神的身份不仅用于天皇，也用于皇子。

进入奈良朝，相比汉诗，一部分知识人更中意于和歌的表达方式。山上忆良随遣唐使入唐学习，他的《贫穷问答歌》(《万叶集》卷五) 表达出对贫困交加的农民的同情，对现实政治抱有批判眼光。大伴旅人也作汉诗，他的《赞酒歌》(《万叶集》卷三) 等作品显露出受老庄影响而向往隐逸的志向。旅人之子大伴家持作为传统氏族官僚，在政治上建功立业的同时，也寄情于和歌，相较于《万叶集》的编者，他开辟了抒发个人情感的私人文学领域。《古今和歌集》之后的和歌便继承了这种精神。

---

[1] 钱稻孙译。

II

思想的定型（中世）
10—15 世纪

第三章 礼仪化的王权与神佛
——摄关、院政时期

1. 王权与礼仪

王权的层累化

日本的律令制国家是从豪族的政治联合体发展而来的,其统治原则是天皇的一元领导。江户时代的国学家重新评价《古事记》与《万叶集》的价值,近代延续这种风气,将天皇掌权的律令制时期视为理想时代,而在时间跨度相当长的"大传统"时期,人们却未必这么看。江户时代与近代的人们视十世纪前半叶的醍醐、村上天皇之世为理想时代,称其为"延喜、天历之治"。他们为何把这一时代理想化?

北畠亲房的《神皇正统记》以九世纪后半叶的光孝帝时期为分水岭,将此前的时期称为"一向上古",以区别于其后的时期。他认为，这是因为至此才明确了天皇的系谱，由藤原氏摄政的摄关（摄政和关白）体制也进入了稳定阶段。在稍前于光孝帝的清和帝时期，藤原良房作为臣下首次摄政（858），在光孝之后的宇多帝时代，藤原基经成为关白（887），日本进入摄关时代。虽然光孝帝此前的政治体制延续奈良时代，采取天皇一元统治的形式，但谋反等政治动荡接连不断。典型的例子是，桓武的弟弟早良亲王蒙冤含恨而死，他的鬼魂作祟，招致灾厄，使人们陷入不安。

当然，即便在摄关体制下也会发生各种权谋诡计，例如菅原道真的鬼魂显灵，以及平将门与藤原纯友引起的骚乱。尽管如此，与前代相比，大体还算是稳定的时代。正如亲房指出的，其原因之一大概是自天皇一元统治向天皇加摄关体制的转型业已完成。日本从中国皇帝的一元统治体制发展为更符合日本国情的王权多层结构，这可以说是迈出了第一步。不仅如此，日本停止派出遣唐使，文化整体进入"国风文化"时代，不再勉强模仿中国，走上独自发展的道路，连"天皇"这一称号都变得鲜为使用。这一体制长期延续，即使在武士阶层掌权以后，朝廷一方的结构也没有发生多大改变。在此背景下，醍醐、村上天皇时期被视作最初的黄金时代，成为后世政治的典范。

第三章　礼仪化的王权与神佛——摄关、院政时期

到平安后期，退位的天皇成为掌握更大权力的上皇（院）。白河帝让位于年幼的堀河，作为上皇掌握实权，这是院政之始。由此一来，既往的天皇加摄关体制趋于形式化，上皇（院）作为"治天之君"成为实际的最高统治者，由此形成了上皇（院）加天皇加摄关的三重结构。摄关由天皇母系一方的外祖父掌握实权，院则是天皇的父亲，从而形成天皇的父系与母系两方力量共同起作用的结构。上皇如果出家，成为法皇，就又牵涉进佛教界的力量。镰仓时代以后，武家政权创立了幕府，王权由此二元化分为公家与武家，这一体制延续至近世。与中国采取的皇帝一元统治结构完全不同，这是一种复杂的王权架构，可以说，公家与武家互相对峙，互相牵制，在紧张的关系下反而实现了权力结构的稳定。

"有职故实"的形成

由于律令"格"与"式"的日本式转变，此前基于唐制而制定的律令制度实现了彻底的日本化。相比于那些照搬唐制的律令，制定于延喜时期并经过改编的《延喜式》更常应用于实际的政治生活。同时颇为重要的一点是，"有职故实"开始受到重视。为使规则适应实际情况，执行者往往不拘泥于律令，不受成文规定拘束的先例原则逐渐确立。这样一来，与先例有关的知识变成

了必需品。积累此类知识的"有职故实"也发端于延喜时期。一般认为,在醍醐天皇时代,藤原时平及其弟忠平等人在参照宇多天皇所撰《宽平御遗诫》的基础上编修《延喜式》,奠定了"有职故实"的基础。"有职故实"的体系愈发系统,正如在源高明的《西宫记》、藤原公任的《北山抄》、大江匡房的《江家次第》等"有职故实"书中整理的那样。顺德天皇的《禁秘抄》是由天皇创作的"有职故实"书。这些书籍并未穷尽全部内容,很多相关细节以其他形式传承下来。在平安时代,贵族出于保存先例记录的目的,写了很多日记。以天皇为中心的贵族集团、公家集团逐渐以积累"有职故实"知识并加以运用于实践为业。

若与中国相比,日本的特征就变得显而易见。在中国,礼仪被系统化地总结于《周礼》《仪礼》《礼记》,收入十三经,成为经典。如第一章所述,孔子创立的儒家把"礼"视为构建社会秩序的基础,以实现礼制社会为目标。"礼"是区别中华文明与野蛮四夷的标准,也是文明的尺度。

日本虽然没有明文规定的"礼",但"有职故实"填补了这项空缺。只凭借经典研究并不能获取"有职故实"的知识,因为以天皇为中心的公家集团垄断了"有职故实",不仅对此有极为细致的研究,还具有实践经验,这是武士集团所不能替代的专长。巨

第三章 礼仪化的王权与神佛——摄关、院政时期

细靡遗的精密礼仪体系奠定了国家秩序，由此，日本首次建立了超越霸权的文明统治。直至近世，即使朝廷与公家集团的实权有所衰退，但他们在"有职故实"方面的作用不容抹杀。"有职故实"的原型形成于十世纪前半叶，相较于此前重视律令法条的时代，具有划时代意义。

王朝的知识分子

平安时代，国风文化兴盛，佛教也获得进一步发展，因此我们往往容易忽视当时的贵族阶层极为重视的汉文教养。在政治领域，儒家的德治主义理念代替天皇的权威，一系列新政策得以制定。在文化领域，贵族们广泛阅读《文选》和《白氏文集》，汉文书写的能力受到高度评价。律令制度下设置的大学寮在平安时代接纳贵族子弟，使得汉文成为他们的基本教养。顺便一提，大学寮并不是为摄关家和天皇家这样的高级贵族阶层所设立的，而是让那些普通贵族子弟学习知识以争取出人头地的地方。因此在《源氏物语》中，人们觉得光源氏之子夕雾进入大学寮学习是很奇怪的行为。在大学寮中，相较于学习儒教经典的明经道，贵族们更青睐学习历史与文学的文章道，小野篁、菅原道真、三善清行、纪长谷雄等人皆出身于此。

菅原道真汉学才能出众，有众多汉诗文存世。作为政治家，他受到宇多天皇重用，以抑制藤原氏，推进以天皇为中心的体制。继任的醍醐天皇则重用藤原时平，菅原道真因此降职，忧愤而亡。三善清行也几乎在同时期活跃于历史舞台，担任过地方官的三善清行希望基于自己的从政经历提出革除地方弊病的对策，向醍醐天皇提出了《意见十二个条》。直到此时，普通贵族知识分子积极参政的现象仍然可见，但平安中期后，参政变得困难重重。正如庆滋保胤在《池亭记》中所表达的，贵族知识分子们感叹时运不济而流露出隐居遁世的心态。保胤后来倾心于净土教，著成《日本往生极乐记》，以寂心为法名出家。再往后，学术逐渐固化为私家之学。在此背景下，出身文章道名门世家的大江匡房仕任于后三条、白河、堀河三朝，在和歌、汉诗文、有职故实等多方面施展才能。藤原赖长是以复兴经学为志向的大学者，他也作为政治家活跃于历史舞台，后于保元之乱中战死。

2. 祭祀与信仰

神祇祭祀的完备

律令规定了每年定例的仪式，但并未完善神祇祭祀的相关细

第三章 礼仪化的王权与神佛——摄关、院政时期

则,直到《延喜式》才作出详细规定。其中的"神名帐"区分了从神祇官接受币帛的官币社与从国司接受币帛的国币社,二者之下又各自分为小社、大社。官币大社和小社分别达到304座和433座,国币大社和小社则分别有188座、2207座。这些都被视为式内社,区别于式外社。根据《延喜式》的"临时祭",为临时的名神祭奉币的对象社有285座,即使在大社中这也是最高等级。由此,神社的等级得以制定,神社各自的祭祀正式确立。此后,被认为特别重要并能接受奉币的神社仅限于22座,一直延续至中世,不过这些基本上都是平安京近畿地区的神社。王权与众神的关系便由此建立。贵族在参拜寺院的同时,也开始去神社参拜,进行祈祷活动。

这些神社各有来历。有祭祀皇祖神的伊势神宫,祭祀大神(三轮)、贺茂等自古以来的土地神的神社,祭祀春日、大原野等藤原氏的氏神神社,还有北野(天满宫)、祇园(现八坂神社)等属于御灵神系的神社,等等。御灵能招致灾厄,不好对付。最早出现的御灵是平安初期的早良亲王,后来则是菅原道真,他的鬼魂与天神调和,受到广泛信仰。祇园祭祀着并非真实人物的牛头天王,人们一旦蔑视它就会招致厄运,从这一点看,牛头天王是属于御灵系的神。御灵神能被具有强大咒力的佛教祈祷所调伏,与

佛教的密切关系也不言而喻。日吉作为比睿山的守护神，最后也被纳入 22 社。除此以外，稻荷（伏见）、八幡（石清水）等神社也与佛教关系密切。

由此可知，神佛从平安时期开始紧密联结，不过，基本上是佛教占据上位，众神位于佛教之下。这是因为佛教不仅具有强有力的祈祷力量，同时还代表着最新文明，能够压制众神。众神则借助背后的佛的力量来抬高自己的地位，这便牵涉中世的"本地垂迹说"。众多神社被置于佛寺统治之下的制度一直延续至近世。但这并不是杂乱无章地"混淆"神佛。特别是宫中和伊势的祭神仪式为彰显自己的纯粹性，有意排除佛教的元素，这被称为"神佛隔离"。与明治时代的"神佛分离"不同，"神佛隔离"以神佛调和为前提，并于其中彰显神祇的固有性。

密教咒法的泛滥

由此，佛教中的密教礼仪开始备受瞩目。密教由空海系统地传入，引起广泛关注。稍晚于空海，天台宗的圆仁、圆珍等僧人也入唐带回密教，奠定了台密（天台宗的密教）的基础。其集大成者是安然。安然活动于九世纪末到十世纪初的时代转变期。他入唐的志向并未实现，却未曾想到会为日本密教的兴盛开辟道

第三章 礼仪化的王权与神佛——摄关、院政时期

路。在教相（密教理论）方面，他试图根据真如一元论，把作为"多"的万物会归为"一"，以此统一世界多样性。在教判方面，他提出"四一教判"（一佛、一时、一处、一教），把"多"全都统一为"一"，"一"即"多"的万物本身（一即多），以此规定了事物的多样性。东密（真言宗系的密教）以小野流、广泽流二流为根本，台密则被进一步分为川流、谷流等。在思想性方面，后来的本觉思想自此展开。

摄关期以后的佛教，相对于镇护国家的宗教仪式，更着力于与贵族个人生活息息相关的现世利益的修法。全国范围的御灵猖獗自不待言，即便个体死者的灵魂也被视为疾病、难产的原因，因此比起祈祷，降伏咒术更受欢迎。持有咒术的修行者并不限于出身显要的僧人，出身贵贱并不成问题。

为获得咒力，僧人能忍受非人的苦行，尤其重视山岳修行。奈良期的役行者便由此而来。役行者以感应所得的藏王权现为主尊，逐渐体系化为修验道。阴阳道也与密教关系密切。阴阳道以源自中国的阴阳五行思想为基础，并通过与历法、天文学等结合的占卜术和咒术，在平安时代达到鼎盛。《簠簋内传》托名具有传奇色彩的阴阳师安倍晴明，实乃中世的伪书，从中可以窥见祇园信仰和风水、宿曜等阴阳道的面貌。

信仰与实践

到了平安中期，不只密教，佛教界整体再次充满活力。十世纪后半的良源复兴比睿山便是契机。良源的弟子源信撰写《往生要集》（985），把净土信仰体系化。书中盛赞脱离六道之苦的阿弥陀净土的美妙，劝勉人们追求往生净土，成为日本净土思想的基本，产生了巨大影响。净土思想此后与末法说一同兴盛。源信发起的"二十五三昧会"是追求念佛往生的僧俗结社，其特征是，从病中的照顾到死后遗体的处理，结社成员之间皆彼此帮扶。此类与个人生死相关的佛教实践开始兴盛起来。

在此之前，佛教的核心是僧侣，在家者相对被动，但此后，在家者也积极地参与到佛教实践当中。藤原道长就是先例。他在建造壮丽的法成寺的同时，拜谒吉野金峰山并埋藏了自己抄写的经典。所谓"埋经"，指的是把经典收入经筒，埋于地下，并做经冢，以等待弥勒菩萨的下生（作为释迦之后的佛出现在这个世界）。这种方式在中世依然流行。信仰者发愿在阿弥陀净土等待弥勒佛于五十六亿七千万年之后下生。可见"埋经"结合了阿弥陀信仰与弥勒信仰。道长在法成寺阿弥陀堂的九品阿弥陀像前，以五色线与弥陀像相连，在念佛中往生。此后为死者做佛事也变得流行。信众以供养为目的抄写经典的同时，也经常举行"法华八

第三章 礼仪化的王权与神佛——摄关、院政时期

讲"。信众邀请僧人讲《法华经》，讲说精彩的僧人逐渐凝聚人气，影响了之后的唱导。到寺院参拜或参笼（闭关）也流行起来，这个风俗不仅风靡贵族，也遍及普通百姓。

自平安中期开始，在真言宗的高野山，弘法大师信仰也兴盛起来。信仰复活的同时，学问也开始被钻研。十二世纪前半期，觉鑁策划改革高野山，但遭徒众驱逐，迁居根来。觉鑁建立五轮说，发展了空海以来的即身成佛说。五轮说把地、水、火、风、空五大（构成万物的五个要素）分别对应于身体的五脏（肝脏、肺脏、心脏、肾脏、脾脏）、象征佛的梵字（a、va、ra、ha、kha）、世界的方位（东、西、南、北、中央），并以五轮塔（方形、圆形、三角形、半圆形、宝珠形）来表现（图6）。修行者通过观想自己的身体，即身成佛。五轮塔发明于觉鑁之前，但经过觉鑁的理论阐释，五轮塔才作为供养死者的塔得以普及。觉鑁吸收了净土宗的教义，认为在现世若无法实现即身成佛，可以追求在来世实现。觉鑁的理论是综合了此前

图6 五轮塔

各种佛教实践的产物，后来，其实践方法逐渐解体，取而代之的是中世的各种新实践方法。

3. 王朝的思想与文学

从历史到和歌、物语

第二章已提及，中国的王朝更替后，作为惯例，新王朝会把编纂前朝的正史当作国家事业。从《史记》《汉书》到《明史》的二十四史是公认的正史。正史的编纂不仅是为了厘清前朝的历史，也是为了证明新王朝的正统性。日本仿照中国的惯例编纂了《日本书纪》《续日本纪》等史书，不过，日本的王朝并未更替，也就没有厘清前朝历史的必要性。日本相继编纂了《日本后纪》《续日本后纪》《日本文德天皇实录》，最后一部敕撰史书是《日本三代实录》（901），此即所谓六国史。稍早一些，敕传汉诗集也由《经国集》（827）完结。

替代史书的敕传书籍是始于《古今和歌集》（905）、止于《新续古今和歌集》（1439）的敕传和歌集，即《二十一代集》。从历史到和歌，这一看似奇妙的转向意味着什么？纪贯之等人编纂的《古今和歌集》首先设置春夏秋冬四季歌，其次是各占一卷的贺

第三章 礼仪化的王权与神佛——摄关、院政时期

歌、离别歌、羁旅歌、物名,恋歌独占五卷。以四季歌为始的编纂形式也由后世沿袭。时间的标准不是流逝的历史,而是循环的四季。和歌集祝福那些永恒的东西,例如永不改变的帝王统治、生生不息的生命。恋爱也印证了永恒的生命力,唯男性独占的政治世界拓展到了男女之间的私人世界。和歌"始于天地开辟之时"[1],因此具有"动天地"(《古今和歌集》假名序)的宇宙性力量。

随着和歌文化的兴盛,人们开始用假名创作物语。物语虽然是私人娱乐作品,却与王权紧密相关。初期物语之一的《伊势物语》是继承王族血脉的主人公(在原业平)与帝妻、伊势斋宫触犯禁忌的艳歌物语。触犯禁忌而流浪东国的主人公设定是对宽容王权的赞美。物语文学高峰《源氏物语》沿袭这一设定,但是,此时的王权已经不再有力,反而是另一极的佛法发挥出强大的牵引力,主人公们被世俗与超越世俗的世界撕裂。尽管如此,光源氏仍在两个世界中保持了危险的平衡,而到了宇治十帖[2],这个平衡崩溃,物语骤然被吸引到佛法一极。可见,物语正是时代氛围的如实反映。

---

[1] 王向远译。

[2] 宇治十帖,《源氏物语》的最后十卷,场景从京都移到了宇治,故有此名。
——译者注

语言、文字、学问

从和歌到物语的发展由于假名文字的发明而成为可能。在原本不具文字的日本，人们为了表记词语，必须使用从中国输入的汉字。为了表记日语和歌，人们一开始在《万叶集》中使用借用汉字音的万叶假名，不久又在用草书连续写作时，逐渐使用比通常的草书更乱的字体，形成了平假名。因此，平假名用于和歌、和文的物语时在原则上连笔，并且更倾向于女性使用。

另一方面，日本人也设法读懂输入进来的汉文。日语与中国语（汉文）的词汇与语法完全不同。汉字是表意文字，即便读不懂汉字也能以形解意，这一点颇为方便。而且，中国语是孤立语，只要能理解语序与少量助词，就能理解文章整体的大意。于是，人们研究出了一种训读方法，也即，用意思相近的日语读汉字，再改变语序并加上助词，设法像读日语那样读汉文。无需费力翻译外语，照原样把外语读成日本语，这种不可思议的方式对引进中国文化起到极大的作用。

日本人会在汉字原文的固定位置打上训读点，以表示日语的テニヲハ等助词。每个博士家与佛教寺院都有自己的训读符号，分流出不同的训读流派（图7）。为了表示训读，人们使用汉字部首和偏旁的一部分，用小写假名标记在汉字下方，这发展为片假名。片假名经常用于汉文语境。

在训读汉文的过程中，也展开了从语言学角度考察日语的尝试。佛僧在研究梵语、制作梵语的音韵表时，一同制作了五十音图。同时，被称为汉字辞典的古辞典业已编纂。《篆隶万象名义》（空海）、《新撰字镜》（昌住）、

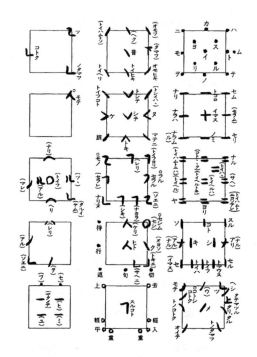

图7 乎古止点的例子（喜多院点）

《和名类聚抄》（源顺）、《类聚名义抄》等辞典广为人知，其中也有表记和训的，起到汉和辞典的作用。在习得汉文的基础上，人们对海量中国文献的阅读理解和研究得以推进。在儒教圣典与佛教经典之外，从庞大的中国医学书中选粹的丹波康赖的《医心方》等实用学问也取得极大进展。作为日本庭院基础的《作庭记》也是平安时代的作品。

末法、边地情节与三国史观

平安初期以后，日本不再编纂官方史书，历史意识有所转向。受佛教影响，历史观与地理观结合在一起。佛教发源于印度（天竺），与其他起源中国的文化相比，佛教的中心距日本更远。佛教建立"须弥山世界说"，须弥山位于世界中心，人类居住的世界则位于南海的南阎浮提，这显然是以印度为蓝本。中国（震旦）在印度东侧一隅，而日本不过是东侧大海中众多小岛中的一个。因此，日本只是与文明中心天竺相隔很远的边地。

地理观中又叠加了"末法说"。末法说是一种倒退史观，认为从释迦佛宣教的时代，历经正法、像法、末法时代，教义愈发难以正确传播，世界从而混乱。由于佛灭时间，以及正法、像法的持续年数说法不同，关于末法也有形形色色的说法。佛灭时间逐渐定为公元前949年，正法千年、像法千年、末法万年之说也随之定型。据此，1052年就是末法元年。在日本，末法说叠加边地说，使事态更加严重。但是，末法和边地说同时也巩固了一部分人严肃践行佛法的志向，并非必然使人陷入颓废。

把佛教看作中心的历史、地理观滋生了天竺、震旦、本朝的所谓"三国史观"。十二世纪前半叶成书的《今昔物语集》分为天竺部、震旦部、本朝部，汇集了佛法与世俗方面许多神话故事。

第三章 礼仪化的王权与神佛——摄关、院政时期

这一历史观未必立足于强烈的历史意识,自释迦佛传记开始,法脉传承就成为了历史的主线。三国史观在其后的镰仓时代逐步确立,在凝然的《三国佛法传通缘起》一书中最终成型。《今昔物语》虽然以佛法为主线,但并不深陷佛教信仰,而是与佛法保持距离,冷静地看待佛教。书中有一则故事,爱宕山的圣人每夜都看到普贤菩萨的示现,猎人[1]识破这是野猪在捣鬼(第二十卷十三话),这样的批判性观点流露出新时代的气息。

---

[1] 原书误将这一故事中的"猎人"写作"渔夫"。——译者注

第四章　王权与神佛的新秩序
——镰仓时代

1. 王权的多层结构

王权的二元化

摄关和院政并不是与天皇分庭抗礼的政权。虽然在院政期，院是"治天之君"，院厅下文和院宣被视为国家的最高意志，但院是天皇之父，王权并未分裂。不过，武家政权确实与以天皇为中心的朝廷抗衡，成为了另一个王权中心。向武家政权过渡的平氏政权尚未能脱离朝廷成为独立王权，平氏在逃离都城之际，通过拥戴安德天皇谋求自身合法性。源氏受后白河之命追讨平氏。安德天皇尚在位时，后白河又立后鸟羽天皇，王权陷入同时有两位天皇在位的局面。安德后来坠海而亡，天皇三神器之一的宝剑也没入水中。缺少了神器，该如何赋予王权合法性，这成为重大的

第四章　王权与神佛的新秩序——镰仓时代

历史遗留问题。

与平氏政权不同，剿灭平氏的源赖朝选择以东国的镰仓为根据地，从此再未迁移。他在全国配置守护、地头，确立统治权，同时出任征夷大将军以巩固政权基础。源赖朝由此在东国确立了统治权，但他的势力并没有扩张到原来平氏统治的西国，在西国，朝廷势力仍然强大。但是，此前的京都的一元王权体制，演化为京都与镰仓相互制衡的二元结构，这奠定了后世王权的基本格局。

朝廷的优势在于王朝时代累积的发达文化与秩序，武家在这方面相对欠缺。武家能在战时发挥强大的力量，但在统治和平时代的智慧方面，朝廷具有相当丰富的积累。因此，幕府在吸收朝廷的文化，学习由"有职故实"所实现的秩序的同时，必须创造自身独特的文化与秩序。因源实朝横死，源氏绝后，幕府迎立摄关家的藤原赖经为将军，在第六代宗尊亲王以后，将军都由皇族担任。不久，后鸟羽上皇发动的讨幕战争打破了幕府与朝廷的平衡，史称"承久之乱"（1221）。结局是幕府流放了后鸟羽上皇，这反映出幕府的实力，但即便如此，幕府也并未消灭朝廷。

朝廷具有上皇－天皇（帝）－摄关这样的多层结构，使天皇丧失实权。另一方面，幕府迎立公家将军，在形式化的将军之下，以北条得宗家为中心的当权者掌握实权，亦形成多层结构，从而实现稳固统治。自此，在朝廷与幕府二元化的王权结构下，二者内部各自又形成了多层结构，共同构成颇为复杂的王权结构（参照图2）。

与神佛相伴的历史

在院政期，除了与佛教有关的"三国史观"，四镜（《大镜》《今镜》《水镜》《增镜》）之首《大镜》得以编纂，重新唤起了人们对历史的关心。在历史的转折点，人们有必要在历史中寻找自己的定位。从这一点出发，更自觉地反思历史，并尝试予以重建的代表人物是慈圆。慈圆出身摄关家，又成为天台座主，他同时牵涉朝廷与摄关家双方，以及王法与佛法两极，能冷静地看清从治承、寿永内乱到承久之乱的转变趋向。他的著述《愚管抄》是一部历史书，内中充满了在承久之乱前后的危机下质问王权合理形式的紧迫感。

《愚管抄》往往被视为一部以"道理"来解释历史缘由的理性历史书，但这种说法失之简单。慈圆的历史观源自佛教的四劫说。宇宙在成劫、住劫、坏劫、空劫中反复循环，如今正是住劫。据说，作为住劫很小的一部分，日本会相继出现一百位王，

第四章　王权与神佛的新秩序——镰仓时代

当时已经轮到第八十四代王。可见，创造历史的不仅是人类，还有无形的"冥"的神佛，尤其是神的意志至关重要。"道理"不是机械的法则，而是包含神佛等多重维度运转历史的动力，人们需要准确认识它并作出应对。慈圆指出，武士之所以能获得力量，是因为存在相应的"道理"，因此，只要接受"道理"，佛法和王法同心，朝廷和摄关家合力，就能够超越百王的极限。

百王说原见于预言书《野马台诗》，据说唐朝皇帝强迫吉备真备解读这首颇为难解的诗，真备遵照长谷观音所派蜘蛛的引导，成功作出了解读。由于这首诗预言了未来的战乱时代，在八世纪就已广为人知。在中世，各种预言作为未来记流传于世，神佛的神谕也屡次成为推动历史进程的重要力量。《比梁山古人灵托》记载了僧人庆政与附身女性的比梁山天狗的交相问答，预言人们来世的命运。根据当时的观念，人们认为，仅靠人类无法左右历史，神佛，甚至在某些情况下像天狗这样的异类也会参与其中。即使《平家物语》也认为，平家因为受到严岛和熊野的加护而繁荣，也因被众神抛弃而最终走向灭亡。人们还认为，不能无视死者的怨灵，抚慰怨灵很有必要，人们尤其畏惧灭亡的平家怨灵。由此可见，中世的历史观应被置于与"冥"者相关的背景下来理解。

东亚世界的变容与神国意识

由于遣唐使的派遣终止,日本与中国之间不再有国家间的正式使节。唐于907年灭亡,后经五代十国时期,直到960年,宋朝建国。北宋暂且占据中原,契丹则统治北方广大领域。高丽替代新罗,统一朝鲜半岛,但又依附于契丹的统治。十二世纪前半叶,女真族政权金崛起,替代了契丹,不久,宋被驱逐,迁到江南(南宋,1127)。由于大规模贸易,唐有着引以为豪的国际性丰富文化,而宋与外来民族的冲突加剧,有意成为以汉民族为中心的国家。在思想上,唐代佛教隆盛,宋代则推崇儒教,科举制确立了官僚选用制度,南宋朱熹对经典的阐释被视为正统学说。

日本虽然没有与宋、高丽建立正式外交关系,但民间交流相当密切。尤其是平清盛积极推进贸易往来,汲取宋和高丽的新文化。重源、荣西、俊芿等僧人入宋带回新佛教,南宋禅僧兰溪道隆也来日,受到幕府重用。儒教在宋代成为中国的主流思想,而在日本却始终被视为依附于佛教之物,屈居佛教之下,因此以佛教为中心的体制得以延续。

在此期间,中国北方的蒙古族势力日益壮大,并由成吉思汗率领,于十三世纪中叶占据中亚,成吉思汗之孙忽必烈灭亡南宋,统一中国(1279),之后又向东南亚等周边地区派遣远征军,

第四章　王权与神佛的新秩序——镰仓时代

但也并非一帆风顺。元朝还裹挟高丽人两次远征日本，不过，皆遭遇强风而被迫撤退（1274，1281）。对于小岛国日本而言，强大的蒙古军队来袭是关乎国家存亡的危机，幕府巩固北九州防备，除了幕府，朝廷也积极求助神佛的力量。日莲在《立正安国论》（1260）中主张，王权若不遵从正确的佛法，就会招致别国的侵略，他认为这个预言得到了证实，因此反复向幕府进谏。

结果，蒙古军撤退，日本人大喜过望，而幕府也自此一蹶不振。在思想方面，日本人相信是由于神的加护才化解了危机，这种信念发展为神国思想。神国思想原本立足于日本边土观，也即，日本是佛的教化所不及的边土，佛化作神从而垂迹、教化日本。这一观念在元朝侵略日本失败后反而转变为日本优越论，人们相信日本是由神守护的特殊国家。

2. 神佛的新秩序

佛教复兴运动

曾经的"镰仓新佛教中心论"在今日虽然已站不住脚，但是在院政、镰仓期，新形态的佛教确实颇具活力，并有所发展。其重要契机是1180年，平重衡的烧讨将南都的寺院付之一炬，此事反而成为了佛教复兴的机运。第二年，后白河天皇任命藤原行隆为营造东大寺长官，任命重源为东大寺大劝进职，开始募捐活动。这项活动的对象上及法皇、将军，下至各地的豪族，地域上也从东北的平泉遍及九州。重源的募捐活动成为佛教复兴的重要契机。募捐可以说是官民一体的大运动，佛教逐步渗透至庶民。无论是荣西还是法然，都与重源的活动息息相关。

学界一直以来认为新旧佛教自此开始对立，但这一理解并不恰当，席卷佛教界的复兴运动应被视为新佛教兴起的机运。据鸭长明的《方丈记》（1212）记载，在1181年的大饥荒之际，仁和寺的隆晓法印书写"阿"字回向给京都的四万多名死者。贵族出身并拥有僧位的官僧如此关切庶民死难者，这是当时打破阶层藩篱的众多佛教活动的冰山一角。在此时代背景下所开展的重源活动确实史无前例，可以被称为新佛教。但是，由募捐而形成的组织未必是被同一信仰联结在一起的，因此并未形成持续的教团。

法然的教团则具有同一信仰的共同体特征，但他们也积极兼学、兼修他宗，并不封闭。自少年时便追随法然的证空，谨遵师傅的告诫，学习天台。即便是法然的净土宗、荣西的禅宗，也无意建立排他、封闭的宗派，而是追求取得与显密八宗平等的地位，也具有兼修的可能性。十三世纪后半叶的睿尊的律宗教团，

第四章　王权与神佛的新秩序——镰仓时代

即使变得颇具宗派性，也并不具有排他性与封闭性。

实践性的佛教思想

黑田俊雄提出"显密体制论"以替代"镰仓新佛教中心论"，他从政治、经济史的视角指出，大寺院既有公家又有武家的广阔领地，俨然已成为权贵的一部分，他同时还阐明了显教和密教混合的显密佛教的重要性，在这一点上提出了思想史上的重要问题。黑田格外强调密教的重要性，转变了新佛教中心论中否定密教的立场。

在平安中期，佛教从国家层面的信仰转变为个人层面的信仰和实践，十二世纪前半叶的密教思想家觉鑁进一步推动这一转变并奠定了后来的基础，他的五轮思想如前所述。在密教的实践中，觉鑁认为，修行者在冥想之时，身、语、意的运作与佛的身、语、意三密一致（三密加持），由此实现即身成佛，但这绝非容易之事。于是他又指出，如果做不到三密，只完成一密也可以，由此产生"一向专修"的可能性。可以看到，念佛在修行者只贯彻语密时是独立的，禅在专念于身密时得以展开。这样看来，密教可以视为后来新实践佛教的起源。

毋庸置疑，他们的实践并不局限于密教的范围。法然只把念佛独立出来，确立净土宗立场，在《选择本愿念佛集》中构建了独特的念佛理论。在院政期的念佛理论中，阿弥陀佛的名号包含了天台"空、假、中"等根本真理，因此称念阿弥陀佛的名号就会有功德，这一说法广为流传。与此不同，法然认为，念佛是优越的修行（胜行），因为阿弥陀佛的名号包含了自身成就的善行。此前的理论认为念佛本身就具有功德，而法然把念佛重新定位成勾连阿弥陀佛和修行者关系的修行。可见，当时的佛教徒基于自己的生活方式和体验，努力将佛教理论化，提出不拘泥于既往理论和实践的新学说。亲鸾的《教行信证》和道元的《正法眼藏》也被定位于这样的思想脉络中。像华严的明惠那样，在批判法然的同时还设法提出独特行法的思想家也崭露头角。

密教思想结合本觉思想形成了新的思想，旨在赋予现世欲望与生活以正当位置。院政期以来，五藏（脏）曼荼罗思想取得进展，也即，身体本身被比作密教的理想世界，觉鑁的五轮思想便属于此。胎内五位说进一步由此发展。胎内五位说把从男女性交到胎儿发育的过程分为五个阶段，胎儿在母胎中积累修行，诞生到现世就是成佛。这样的理论很快被佛教界视为异端，称作立川流。其后，该流派演变为赋予山岳修行以死亡和重生意义的修验道，以此形式得以残存。

第四章 王权与神佛的新秩序——镰仓时代

众神的觉醒

直至近世,神社一般被置于佛寺的管理之下,神社本身甚至往往采用佛寺的形式。例如,镰仓的鹤岗八幡宫原是供奉源氏氏神的神宫,位于镰仓市的中心,但其负责人"别当"大多是出自园城寺系的僧侣,八幡宫因此被视为八幡宫寺,也具有寺院的功能。暗杀源实朝的公晓也曾经担任过该神宫的别当。中世的"神佛习合"一般分为天台系的山王神道和真言系的两部神道,但实际上"神佛习合"具有多元的动向,不能被简单分类。"本地垂迹说"来源于天台的"本""迹"概念,同时也具有很强的密教要素。主要的神社都画有参诣曼荼罗图,画中经常同时刻画佛与神像。这一点虽然以"本地垂迹说"为基础,但既然神社之内供奉的神都被神圣化为密教的曼荼罗,神的权威也由此提高。以本觉思想来理解的话,可以说,相比于距离遥远的彼方佛(本地佛),只有作为垂迹而显现于身边的神的形象,才能显现真正的佛的能力。由此,神的地位逐渐提高,连佛教徒也不能无视这个趋势。例如,重源、睿尊等人通过参拜伊势神宫,受神加护,以使自身的活动神圣化。

蒙古来袭之后的镰仓后期,神的地位显著提高,并从后醍醐亲政至南北朝时代不断获得理论完善。以镰仓末期天台系的《溪岚拾叶集》为例,《溪岚拾叶集》是由睿山光宗整理的综合显、密、戒的百科全书式巨著,其核心是神佛的问题。这部百卷巨著虽然以睿山的守护神,也即日吉社的山王信仰为中心,但除此之外还囊括了伊势、三轮信仰,以探索日本神的谱系。其中,"大日本国"被读作"大日的本国",明确了只有日本才是根本的日本中心主义,印度反而成为应身佛释迦的垂迹之地,从而提出了逆转"本地垂迹说"的"反本地垂迹说"。其中亦可见把日本地图比作密教法器的独钴这样神化日本的说法。一般认为是行基设计了这样的地图,并以行基图为名流行于中世。(图8)总之,镰仓末期逐渐确立了日本中心主义,并延续至下一个时代。

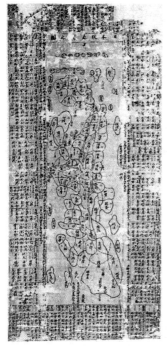

图8　14世纪的行基图《日本扶桑国之图》

3. 贵族、武士、隐者

狂言绮语与"有心"

至院政期，《古今和歌集》以来的和歌传统进入了新局面。当时的六条藤家和御子左家把和歌作为家业，从后者脱颖而出的藤原俊成成为宫廷歌坛的核心，并奉后白河之命编纂《千载和歌集》（1188）。俊成的歌论《古来风体抄》重点提出了狂言绮语的问题。在佛教看来，诗歌和物语是妨碍修行的烦恼业，应该被否定，但也有人认为这是进入佛教的门径。当时，以慈圆、西行为首的僧侣歌人层出不穷，在此背景下亟须为文学赋予佛教意义的理论。另一方面，在紫式部堕入地狱之说流行的背景下，《源氏物语》等古典文学摆脱了基于佛教的现世否定论的负面评价，同样具有重要意义。围绕着此类文学与佛教的问题，安居院的澄宪等唱导家也积极响应。他们作为宣讲佛法的名人，对文学表达运用自如，在贵族佛事中颇具人气。十三世纪后半叶又出现了提倡贯通和歌与密教陀罗尼的观点，和歌进一步被佛教赋予积极的意义。

中世初期的和歌在后鸟羽院时代发展至顶峰。后鸟羽本人热衷和歌，他曾召集以俊成之子定家为首的优秀歌人，撰述《新古今和歌集》(1205)。定家在技巧上别出心裁，构筑了浓烈的美学世界。他在歌论《每月抄》中高度评价"有心"。"有心"是什么，他没有作出定义，或许是指用心至深的歌，正如"以心为本，摆脱歌词"所言，"有心"以"心"为先。定家还认为"有心"比"幽玄"的境界层次更高。此后，"有心"作为中世的文学理念，受到《正彻物语》等书的重视。

定家不仅著成日记《明月记》，还抄写了《源氏物语》，从而确立了《源氏物语》的定本。他主张，和歌不是应景之作，创作和歌必须立足于文学史，由此产生了"本歌取"的创作技法。因此，《源氏物语》与《古今和歌集》等和歌集的古典知识一并不可或缺。可见，对中世的人而言，理想的作品不是古代的《古事记》和《万叶集》，而是平安王朝文学全盛期的作品。这种观念一直延续至近世，直至当时的国学者重新发现了古代作品的价值为止。

武士的生活方式

贵族们以有职故实中积累的高度文化为豪，与此相对，武士在战斗中展现力量，凭实力一分高下。即便如此，以暴力决定胜负的粗暴行为并未得到认可。不过，战斗也有战斗的道德，《平家物语》是其充分展示。虽然《平家物语》谙熟都城的公家文化，

第四章 王权与神佛的新秩序——镰仓时代

但对具有武士的矜持、接受失败者命运的平家武将,亦不惜余力地表达同情。另一方面,作为胜利者的源氏武将也表现出不失礼节的态度和深刻的人情味。《平家物语》确实描绘出了武士的理想形象。

平敦盛生命最后时光的故事广为人知。(图9)十七岁的武将平敦盛在一之谷试图逃跑,由于熊谷直实喊阵,敦盛应战,最终被熊谷按倒。熊谷垂下头,惋惜与自己儿子小次郎同岁的敦盛,心生怜悯,想要放掉他,但最终还是砍下了敦盛的首级。熊谷叹曰:"汝生于武家,诚为可怜之事。若非武者,少年俊彦岂会顷刻化作离魂?"[1] 唤起了听众甚深的感动。这句话被改编为能乐、幸若舞、文乐、歌舞伎等文艺作品,直至后世仍然备受喜爱。

武士的本领能在战时充分发挥,但到

图9 敦盛的末日(出自御迦草子《小敦盛》)

---

[1] 王新禧译。

了和平时期，战场上那一套便不再适用。武士面临的情况之一是领地之争。为了守护领地，以便下一代能顺利继承，武士们要具备与攻城略地所不同的能力。武士们还要随时面对将军和执权对他们忠诚度的猜忌，甚至只要被怀疑有谋反嫌疑，整个家族就可能立刻遭到灭门之祸。在此背景下，武士们能够随机应变存活下来实属不易。熊谷直实卷入领地之争后出家，以莲生为法名，投入法然门下，保持着武士刚直、专一的性格，留下各种各样的逸闻。宇都宫赖纲同样是武士，因为被疑谋反而出家，投入法然、证空的门下（同样以莲生为法名）。

在这样的时代背景下，北条泰时制定的《御成败式目》（贞永式目，1232）应运而生。《御成败式目》是管理御家人、处理矛盾的法规，其核心是防备武士对幕府生起逆心。据《御成败式目》的"起请"条可知，"道理"是其准绳。"道理"与《愚管抄》中的"道理"并不相同，其"道理"并不关乎不可知的神佛，而是纯粹世俗层面的伦理。《御成败式目》认为，在评定是非之时，应当"无论亲疏，无论好恶，仅凭道理推断"，可见公正的依据正是"道理"。《御成败式目》在与神佛不同的原理上寻求法和伦理的依据，或可认为，这影响了后世对儒教的接受。

第四章　王权与神佛的新秩序——镰仓时代

追求自由的精神

鸭长明的《方丈记》以"浩浩河水，奔流不绝，但所流已非原先之水"[1]这样广为人知的名句开端。他在前半部分刻画了由接连的灾害和迁都造成的都城荒废，在后半部分记述了自己出家后隐居日野的闲适生活。在全文最后，他又袒露内心的矛盾，内省道，逃离俗世、交际山林难道不是为了修行吗？如今却享受着茅庐生活，并执着于此，形象虽似圣人，内心难道不是污秽的吗？不过，在反省之后，他并未尝试勉力修行，而是为了脱离世俗的束缚，确保精神的自由。他的作品展现出这样一种享受出家隐居生活的新生活方式，被称为"隐者文学"。一定程度的经济能力，让生活于既有制度框架之外的自由人生活方式成为可能。此类文学的代表作除了《方丈记》，还有兼好的《徒然草》。不过，《徒然草》直到近世才获得高度评价，能否将它们相提并论，还有待商榷。

在后世，西行作为隐者代表，有着各种各样的逸闻。不过，西行是与重源在大峰共同修行的荒法师，也曾作为劝进僧在募捐修建殿宇、铸造佛像的活动中发挥了作用，并非悠闲无事地一味逍遥世外。西行自不待言，长明与兼好在当时也作为歌人闻名于

---

[1]　王新禧译。

世，经常出入贵族们的和歌圈。歌人们不是凭借官位，而是以文化人的身份出入这种圈子。

歌人往往也是说话集的创作者，说话文学是具有强烈时代特征的文学形式。说话集集中出现于十二世纪后半叶到十三世纪，例如平康赖的《宝物集》、鸭长明的《发心集》、庆政的《闲居友》、传西行的《撰集抄》、无住的《沙石集》等。其内容多与佛教相关，但有时也会以批判性视角审视各种生活方式，正如往生传类的作品并不局限于往生一样。相比以前的时代，生活方式和价值观变得更加丰富多彩，作者们之所以采集当时的各种奇闻异事，大概也是出于探索自身生活方式的需要。另外值得注意的是，以劝进（募捐）之旅为首的多种多样的人际网络也带来了纷繁的信息。

第五章　中世文化的成熟
——南北朝、室町时代

1. 王权的重组及其理论

天皇的再定义

历经诸多苦难，被流放到隐歧的后醍醐天皇，最后联合公家与武家的势力，成功打倒镰仓幕府，实现"建武新政"（1333）。但终因其政治经验不足，招致混乱，导致足利尊氏叛变，后醍醐天皇逃到吉野（1336），自此进入南北朝分立的时代。后醍醐打破了一直以来的朝廷与幕府并立的二元结构，意图实现一元性天皇专制统治，尽管这只是昙花一现，也值得关注。

不仅如此，后醍醐天皇还企图打破具有张力的王权与神佛二元结构的平衡，整合神佛的权威，并将其置于自己的掌控之下。天皇在位时不能出家，但后醍醐以在家的形式学习密教的奥义，

图 10 后醍醐天皇肖像

接受灌顶。著名的清光寺藏有后醍醐天皇的肖像,画中,后醍醐以俗身端坐于八叶莲华之上,头戴饰有象征太阳的赤球的冕冠,右手执五钴杵,左手执五钴铃,身裹袈裟,以此展现自己佛法与王法双重至尊的形象。他的头顶上还贴有天照皇太神、春日大明神、八幡大菩萨三社之符。(图10)这便是后世由吉田兼俱所推广的"三社托宣"的三社(分别代表正直、慈悲、清净)。虽然三社的制度很难追溯到后醍醐时期,但后醍醐天皇的这幅肖像表露了他试图包揽众神的意图。

统一王权和神佛的后醍醐亟待在理论上重新阐明何为天皇。北畠亲房和慈遍对此作出回应。亲房出身公家,谙熟"有职故实",著成《职原抄》。"有职故实"是朝廷传统的核心,后醍醐本人亦著有《建武年中行事》。亲房出家,通学密教,接受伊势神道流派,著成神道理论书《元元集》。他的另一著作《神皇正统记》

第五章　中世文化的成熟——南北朝、室町时代

将神道理论应用于历史解释，开宗明义表示"大日本神国也"，以此展开对皇统一贯性所体现的日本优越性的讨论。在慈圆的《愚管抄》中已经可见关于皇统一贯性的讨论，而亲房则正面视其为日本优越性，成为近世以后尊王论的出发点。

慈遍是天台宗的僧人，同时也是吉野家出身的神道家，其《旧日本纪玄义》和《丰苇原神风和记》发展了伊势神道系的神道理论。书中宣讲从众神世界（冥）到人类世界（显）的发展过程，并把天皇定位成人类世界中一贯保持神之纯粹性的存在。由此可知，亲房和慈遍以神的谱系作为天皇制的根据。正因为天皇是如此特殊的存在，天皇的统治才需要保持至上的道德高度，而这一点放大了统治者的伦理问题。

南北朝和正统问题

镰仓末期，皇统中大觉寺统与持明院统两统对立，幕府居中调停，确立两统迭立的原则。在此背景下，大觉寺统的后醍醐反对自己被当作皇位交替的过渡人物，可以说，这成为了他讨伐幕府的原动力。叛离后醍醐的足利尊氏奉持明院统的光严上皇之命，扶持光明天皇即位，南北朝对立的时代自此开始。南朝趁足利氏内讧，一度重振势力（正平一统，1351年），但北朝受足利

尊氏支持，依然占据优势。最终在足利义满的斡旋下，1392年，南朝的后龟山天皇被迫把三种神器让给北朝的后小松天皇，结束了南北对立的局面。

北朝和南朝原本属同一皇统，从这一点来看，二者的正统性并无差异。在二者之间备受瞩目的是三种神器的继承。后醍醐天皇一度把神器移交给北朝，但旋即宣称他移交的是赝品，并自行建立了南朝。在正平一统之时，北朝的神器又被移交给南朝，最终后龟山天皇被迫把神器还给北朝。在此期间出现了神器是赝品（或者说被宣称为赝品）的情况。神器来来回回被移交的过程就像推理小说一样扑朔迷离，谁也说不清。神器之一的宝剑在坛之浦沉入水底，这说明当时即使没有神器也无妨，但如今神器却成为确立正统性的最主要依据。然而，历史上实际存在没有神器也能即位的情况，时人对此的态度颇为模棱两可。最终，主要势力范围在京都并与后世的天皇属于同一系统的北朝被视为正统。

进入江户时代以后，德川光圀在水户藩正式编纂《大日本史》，开始把南朝视为正统，北朝正统说重新成为问题。山崎闇斋也主张南朝正统说，特别是由于幕府末年的尊王攘夷者们采用南朝正统说，南朝正统派气势大振。南朝正统说的理论依据是南朝拥有神器，实际上是因为在尊王主义流行的时代背景下，后醍醐

第五章　中世文化的成熟——南北朝、室町时代

天皇致力于天皇亲政的政治理念被理想化，继承他的南朝因此被视为正统。幕府后期，效忠于南朝的楠木正成被视为忠臣，各地纷纷建造起祭祀楠木的神社。明治维新成功后的1872年，日本政府建造了凑川神社。不过，日本明治维新后最初的官方教科书同等记载了南北朝，而在"大逆事件"发生后的1911年，帝国议会采纳了南朝正统说，南朝最终被确定为正统。这就是所谓"南北朝正闰"问题。此后，楠木正成、北畠亲房等作为忠臣获得表彰，而足利尊氏则被视为逆臣，受到贬斥。在这样的趋势下，皇国史观开始形成。

室町的王权与东亚

中国进入十四世纪以后，蒙古（元）的统治出现衰败的迹象，不久白莲教徒发动红巾起义，加入起义的朱元璋（洪武帝）建立了明朝（1368）。此后，在十五世纪前半叶的永乐帝时期，明迎来了全盛期。蒙古人的统治横跨欧亚大陆，是疆域广阔的大帝国，而明朝则以复兴以汉民族为中心的中华文化为己任。不过，明朝并未采取极端的排外主义，而是积极推进与异民族和周边国家的和平外交。在朝鲜半岛，高丽也为李氏朝鲜所取代（1392），东亚整体迎来了大的变革期。

此时，东亚海域倭寇活动频仍，平息倭患成为明朝面临的重大课题。与此前的王朝不同，明禁止民间自发的国际往来，将之限定为官方的朝贡关系。明与周边国家之间的关系被设定了尊卑等级，而周边诸国为谋求贸易往来的利益，也不得不屈尊向明朝派遣朝贡的使节。元末，室町幕府曾采纳梦窗疏石的进言，以建造天龙寺的名义，向中国派遣了称为天龙寺船的商船（1342），大获成功。但是，日本与明的贸易关系却迟迟难以建立。这是因为当明朝派遣使节要求日本称臣纳贡之时，称霸九州的后醍醐的皇子怀良亲王经过与明朝使节的交涉，被明册封为"日本国王"（1371）。此事为朝廷所不满。进入十五世纪，足利义满逐渐被明视为"日本国王"。足利义持后来又与明断交。由此可见，日本与中国之间的外交和贸易之路充满曲折。

将军能否被称为"日本国王"，直接关涉朝廷与幕府的关系问题。镰仓幕府与京都有地理距离，二者关系紧张，又相互补充。与此相反，后醍醐骤然建立天皇一元化的统一王权，并试图进一步统合神与佛，但未能成功。此后，北朝朝廷与足利幕府再次回归原本的二元结构。足利氏在京都设立幕府，选择了亲近朝廷的道路。足利尊氏制定的《建武式目》（1336）提出"远访延喜、天历两圣之德化，近以义时、泰时父子之行状，为近代之师"，合

第五章　中世文化的成熟——南北朝、室町时代

并了公家理想的延喜、天历时代，以及武家理想的义时、泰时时代，试图采取公家与武家合作的体制。一方面，武家文化向公家文化靠拢；另一方面，幕府开始具有左右朝廷的能力。虽然今天的历史研究否定了足利义满试图篡夺天皇皇位的说法，但其妻日野康子成为后小松天皇的准母，将军在朝廷扩张势力并开始占据优势也是不争的事实。朝廷实权的不断弱化一直持续到近世，在此背景下，朝廷力图作为礼仪传统的保持者以求自保。

2. 神佛与中世文化

佛教宗派的盛衰

人们基本上以显密八宗统合的整体框架来定位并理解镰仓时代的佛教。即便有人提出"专修"[1]的主张，基本上也不脱离这个框架。著有《八宗纲要》《三国佛法传通缘起》等作品的东大寺凝然是著名的八宗兼学的典型。即便是开创了独立宗派的日莲，也以八宗统合为前提。受后醍醐天皇重用的醍醐寺文观企图依据"三

---

[1] 专修是日本佛教史上出现的只提倡一种佛教教义和实修方法，排斥其它的主张。——译者注

尊合行法"来统一王权与佛法，以在佛法层面支持后醍醐。"三尊合行法"主张舍利（宝珠）、不动、爱染三者的一体化。可以说，这已经将统合显密佛教的尝试做到了极致。正因如此，后醍醐的没落也是试图统合世俗与佛教的统合佛教的没落。

镰仓后期，在八宗的基础上再加入禅宗和净土宗的十宗体制普及开来，这里的"宗"与此前一样都指学派，而非具有教团组织性的宗派。宗派的活动于十三世纪后半叶开始出现，特别是睿尊的律宗教团，其活动遍及全国。睿尊教团在复兴戒律的同时，立足于密教的立场，弘扬舍利信仰和文殊信仰，从事救济病人和穷人的福祉活动，以及修建道路和港湾的社会金融事业。此类活动通过全国性的组织开展，获得民间的广泛支持。文观原本也出身于律宗教团，但是，律宗教团的发展在室町时代逐渐陷入停滞。这是因为念佛和禅代替密教成为主流，此前开放的教团逐渐封闭化、宗派化，以及地方的世俗统治者逐渐成为社会事业的主导者，佛教的影响从而受到限制。

同时期，创自于法然的净土宗教团在良忠等人的努力下也获得了广阔的发展空间。净土门区别于圣道门，确立了以念佛为中心的净土宗教义，趋向于形成教团组织。在念佛系的教团中，从镰仓末期到室町期取得巨大发展的是时宗（时众）。时宗发端于一

第五章 中世文化的成熟——南北朝、室町时代

遍上人的游行集团，第二世的他阿真教将其教团化。时宗历代皆以游行上人为核心，具有坚韧的组织和广泛的网络，超越对贱民的歧视，积极为社会底层举办佛教的葬礼仪式，由此扩大了支持面，战时也有不少僧人作为"阵僧"随军服务。并且，由于"踊念佛"[1]表演化、技艺化，时宗僧侣也成为服侍将军的"同朋众"。但是，进入近世，社会管理趋紧，在此背景下，四处游行的念佛活动受到限制，时宗势力式微。

禅林的文化

禅宗中也出现了诸如"自然居士"与"放下僧"之类的大众文娱僧人。他们作为教团也向公家和上层武士阶层拓展势力。通过与宋、元的交流，禅宗吸取了中国寺院的修行法门和仪轨。宋代禅宗具有镇护国家的性质，对禅宗仪式的采用简化了此前复杂的密教仪轨，更加实用。镰仓时代在京都势力最强大的佛教派别是圆尔辩圆的圣一派，这一派宣传与密教融合的禅。在镰仓，兰溪道隆与无学祖元等渡来僧表现出与京都禅僧不同的发展方向。

---

[1] "踊念佛"指时宗采取的载歌载舞的念佛形式。——译者注

从镰仓后期到南北朝时代，禅宗势力日渐扩大，教团组织日趋完善，不过，禅宗之所以与室町时代的王权紧密结合，主要是由于禅僧梦窗疏石受到足利尊氏和足利直义的信赖。梦窗立足于现实主义立场，主张应根据自身的能力，灵活采用不同的修行方法，同时他还积极向主政者建言献策，建议修造天龙寺、安国寺利生塔，吊唁以后醍醐天皇为首的战死者的灵魂，以收拾战后混乱的局面。为直义而作的《梦中问答集》以问答形式处理了各种各样的问题。由梦窗奠定基础的京都五山僧人，由于贯通圣俗的广泛知识和汉文能力，此后作为幕府处理外交问题的智囊团大显身手。同时，五山僧人也起到了领导室町时代文化的作用。例如，当时主要的佛典以五山版出版并获得推广，五山僧人在推进研究的同时，他们的汉诗文也成就斐然，被称为"五山文学"。五山僧人还学习朱子学等最新的中国著述与学说，擅长绘画、寺院建筑、庭院设计。可见，五山成为了当时最先进的传播中国文化的中心。

但是，丰富多彩的禅林文化的兴隆也被视为对禅修的忽视，受到批评。最严厉的批评来自与梦窗同时代的宗峰妙超（大灯国师），他认为，禅僧不应钻营名利，而应专心修行。宗峰创建了大德寺，他的弟子关山慧玄创建了妙心寺，成为了五山无法

第五章 中世文化的成熟——南北朝、室町时代

满足的修行者的据点,被称作"林下派"。出身于大德寺的一休宗纯,其狂放的生活和诗文在后世产生巨大影响。在镰仓后期,莹山绍瑾横空出世,凭借他的努力,曹洞宗开始向地方拓展势力。

"神道"的成立

作为祭祀皇祖神的神社,伊势神宫受到特别尊崇。伊势神宫由内宫和外宫组成,内宫祭祀天照大神,外宫祭祀丰受大神。丰受大神是掌管食物的神,可见,外宫比内宫地位略逊。在十三世纪后半叶,以外宫的神官度会氏为中心,兴起了提高外宫地位的运动。为此,丰受大神必须获得比天照大神更尊贵的地位,因而形成了把丰受大神与天御中、国常立视为一体的主张。在记纪神话中,天御中与国常立是天地开辟时最早显现的神,不过,神话中只可见它们的名字,不可见具体的活动。它们被确立为比天照大神更加根本的世界原始神。

这样一来,便超越了单纯的内外宫孰优孰劣的问题,提出了探究世界本源的问题。关于世界的构造,佛教很少论及世界的生成和原初状态,因为设想任何一个根源性的实体,都违背佛教的无我与空的思想。而此时围绕着神的讨论具有这方面的理论意

义，其理论依据是被称作"神道五部书"的文献，不过，这些书后来被揭露是创作于镰仓时代以来的伪书。

此后，经过度会家行的《累聚神祇本源》，再到北畠亲房和慈遍，伊势神道的理论性探讨进一步深化。毋庸置疑，他们所使用的"神道"一词虽然具有教团特征，但与当今意义上的"宗教"不同。不过，建立前所未有的理论性体系，其实质的确可以看作是"神道"的形成。神道教通过自觉地吸取佛教与儒教、道教、阴阳思想等，武装了自己的理论。比起印度和中国的各式学说，日本的神道教提出了最根本的日本中心主义思想，其中包含了前述的天皇论，其基本模式被近世继承。

作为此类中世神道教理论的集大成者，吉田兼俱脱颖而出。京都吉田神社的神官职位由吉田氏世袭，吉田兼俱假称全国众神都聚集到了吉田神社的大元宫，千方百计谋求神社界的统一。在他的主要作品《唯一神道名法要集》中，他区分了本迹缘起神道、两部习合神道、元本宗源神道三种神道，并以元本宗源神道作为自己的立场，也就是说，吉田神道是统一众神的唯一宗源。吉田兼俱如愿以偿，在近世，吉田家拥有了神官的任命权，统领神社界。

3. 室町文艺复兴

古典研究与秘传化

新思想在扎实的古典研究基础上形成。与中世的佛教以及近世的儒学、国学相比，中世的和汉古典研究往往被忽视，但其水准非常之高，甚至连近世的学问也是以此为出发点才得以展开的。武士兴起向学之风，例如北条（金泽）实时的金泽文库、上杉宪实复兴足利学校等，但古典研究的中心仍然是公家与僧侣。尤其是公家在继承博士"家学"传统的同时，也接受了宋学，关注日本的古典。北畠亲房便继承了这样的传统。

在室町时代，武家与公家彼此亲近并合为一体，再加上佛教，三者一同构筑时代新文化。足利义满的北山文化、足利义政的东山文化正是其结晶。生活在应仁之乱前后混乱期的一条兼良著成《日本书纪纂疏》、《花鸟余情》（《源氏物语》的注释）等大量日本古典的注释书，奠定了后来的研究基础。他既熟悉儒学，也采纳新的宋学。他虽然仕途坎坷，但也历任过摄政、关白等职，为将军足利义尚讲解治世之道，著成《樵谈治要》，他的有职故实书《公事根源》也声名远扬。日本当时的知识界重新发现古典，并使其在广阔的领域发挥力量，可以说，起到了与欧洲文艺复兴的人文主义者相类似的作用。

公家、武家与僧侣组成紧密的网络，形成以古典文化为纽带的圈层，在此背景下，诞生了创作连歌的新文艺团体。连歌创立者二条良基在北朝作为摄政、关白拥有实权，他撰集的第一部正式连歌集《菟酒波集》（1356）被视为准敕传。在北朝，自《风雅和歌集》的敕传，和歌集不断编纂，成为复兴古典的契机。连歌是具有共同知识教养背景的人们进行的集体创作，是一种"座"的文学，即兴创作是其特色。此类形式在战国时代得以延续，由宗祇集大成，迄近世进一步发展为俳谐，普及大众。

古典研究还生发出其他形式。与公开的连歌相比，特殊的学说以口传的形式秘密传授，与《古今和歌集》有关的"古今传授"最为著名。东常缘以"古今传授"的秘传形式将《古今和歌集》的解释授予宗祇。在佛教中，本觉思想乃是通过口传传授，密教和禅中最深奥的真理也是秘传，可能对此有一定影响。也可以在这样的动向中来理解皇位继承时的即位灌顶仪式。此后，这也影响到了武道和艺道中的"免许皆传"。

能乐及其理论

"能"的起源无从了解，一般认为其发展自原本以滑稽模仿为

第五章 中世文化的成熟——南北朝、室町时代

主的大众猿乐。在以大和地区为中心活动时，观阿弥与世阿弥父子脱颖而出，受到将军足利义满的喜爱，能乐因此立即成为武士和贵族喜爱的高级音乐剧。"能"的特性复杂，既有大众喜闻乐见的特点，又具有高度艺术性。世阿弥的理论书《风姿花传》提出了两种有关"能"的起源的说法：一是天钿女命在天岩户前的舞蹈，二是在释迦说法之时为驱除外道干扰，弟子们所做的滑稽表演。可见，宗教性和滑稽性的叠加是"能"的基础。但是，成熟的"能"排除了滑稽性，交由"狂言"承担。"能"的祝祭性来源于翁猿乐，可见于至今仍然演出的节目《翁》中。

"能"的理论由世阿弥及其女婿金春禅竹集大成。世阿弥的《风姿花传》提倡根据年龄调整表演风格，成为其后武道和艺道的典范。金春禅竹比世阿弥宗教性更强，以幽玄的作风著称，其理论也晦涩难解。《明宿集》宣扬把"翁"（"宿神"）作为本源性的存在，由"翁"生成一切神佛。《六轮一露之记》则通过圆相六阶段的变化来说明世界的生成和艺术的深化。（图11）于此可见禅与密教的影响，同时也可见其与神道理论中世界生成说的关联，如神奇的滴露化而为剑。

"能"的理论与实际表演的谣曲中可见深刻的宗教性与思想性，特别是被称为"复式梦幻能"的修罗物。该题材取材于《平

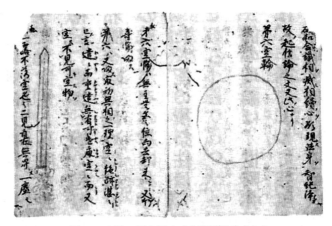

图 11　六轮一露之图（《金春禅竹传书》）

家物语》等物语，宣扬对死者灵魂的救赎。其基本形式是：在前半场，配角作为旅行僧登场，他在行脚中遇到以凡人形象出现的主角前世；在后半场，主角以亡灵的面貌现身，再现昔日战乱的样子，祈求修罗道的救赎，并消失不见。其内容依据《平家物语》与更古老的《源氏物语》（某些场景），处理如何救赎因生前恶业堕入恶道的死者灵魂的问题。打倒镰仓幕府和南北朝战乱的记忆对观众来说恍如昨日，不免让人感同身受。这一题材发展了超越单纯娱乐的灵魂主题戏剧，或许可以说，这是中世的宗教与文学和艺术一体化的终极形态。

第五章 中世文化的成熟——南北朝、室町时代

婆娑罗和天狗

众所周知,川端康成在获得诺贝尔文学奖的演讲中引用了一休的"入佛界易,入魔界难"。实际上,这不是我们熟知的一休的话,而是出自之后的"一休噺"。但这句话已出现于室町后期的禅僧雪江宗深的语录中,当时在禅僧的语录中,佛界与魔界经常成对出现。在应仁之乱前后的混乱局面下,魔界绝不是抽象的想象世界,而是真实的现实问题。在中世的神话中,第六天(欲界的最高位)的魔王想霸占日本,天照大神巧用谋略,与之缔结契约,没有让它进入日本,从而保护了佛法,这已成为广为人知的故事。

在《太平记》中存在各种各样的魔,它们猖獗横行。其中给人留下最深印象的是楠木正成的亡灵(卷二十三)。在武士大森彦七面前,正成变成"千头王鬼",以骑着七头之牛的恐怖形象出现,这是因为他生前嗔恨之心过于强烈所致。楠木正成的主公后醍醐天皇原来是摩醯修罗的化身,他在第六天指挥属下与阿修罗们昼夜奋战,也就是说,后醍醐天皇变成了魔界的大首领。结局是,读诵《大般若经》的功德镇伏了正成暴虐的亡灵。就这一点而言,其与"能"的修罗物类型相同。在《平家物语》中,"冥"的世界是人类知觉所不及之处,而在《太平记》中,它们则以栩

栩如生的怪异形象显现。看不见的东西逐渐变成能看见的存在，成为可以驾驭之物，这一思路发展为近世出现的妖怪。异界被引入现世，实现了现世化。

《太平记》还描绘了新类型的人物形象。其典型是被称作"婆娑罗"的佐佐木道誉。婆娑罗外观古怪浮夸，举止奔放，引人侧目，他破坏既成的秩序，展现出创生新事物的能量。道誉不畏神佛，冷酷地将妙法院付之一炬，这恐怕对其后的织田信长和丰臣秀吉也有影响。《建武式目》实在难以处置婆娑罗，索性禁止了他。连楠木正成也是难以安置于当时秩序中的"恶党"。这样的新型武将们为之后的战国时代拉开了帷幕。

III

思想的多元化与演变（近世）
16—19 世纪

第六章　大变动与重组
——战国、安土桃山时代

1. 从分裂到再统一

天皇、将军、大名

室町幕府在三代将军足利义满之时迎来全盛期,但由于武士集团的松散特征,将军的力量未必那么强大。由于幕府对占据京都的朝廷采取合作的态度,王权的二元结构张力有所缓解。不过,既然双方都把对方视为对手,想要完全齐心协力也是不可能的。意图大权独揽的六代将军足利义教被赤松满佑杀害(嘉吉之乱,1441),幕府骤然衰败,即便在应仁之乱(1467—1477)时幕府暂时集中了权力,但仍没有结束社会的混乱,日本从而迎来战国时代。将军沦为以细川氏为首的京畿实力派的傀儡,不能像最初那样留在京都，反而落得个流浪的下场。最终，拥戴足利义昭的织田信长进入京都，足利义昭被织田扶植为第十五代将军（1568），但很快又因与织田不和，遭到放逐，幕府的统治实质垮台。

在这样的局势下，天皇家的财政陷入极度困顿。1500年，后土御门天皇病逝，遗骸放置了四十三日才火葬。下一任后柏原天皇虽然即位，但于1521年才举行即位礼，并未举行大尝祭。在1466年后土御门举行大尝祭以后，大尝祭一度中断了二百余年，这是因为幕府不再给予财政支持。此外，一些惯例也被打破，天皇不再于生前退位，上皇、皇太子、皇后等尊位长期空缺。

尽管天皇经济上颇为困顿，但天皇的地位是否下降，还不能简单下结论。从第102代的后花园天皇到第109代的明正天皇皆由皇族直系继承皇位，几乎没有出现纷争，这一方面是由于皇室已经无力内斗，另一方面是因为大名们对皇位争夺也不再关心。因此与南北朝时代的战乱相比，这段时期的政局平稳得令人吃惊。或许可以说，继承者之争转移到了将军家。后花园天皇之弟真常亲王一系作为伏见宫一直是皇位的继承人，摄关家与门迹寺院的制度也建立完备，即便存在争斗，但基本的继承制度没有动摇。皇族、公家、门迹一齐成为传统文化的传承者，令发迹的武

第六章 大变动与重组——战国、安土桃山时代

士们羡慕不已。

在这个时代，大名们从京都下行至地方的领地，落地生根，构筑自己的势力范围，但他们并非对京都漠不关心。京都是国家中心，是人们憧憬的文化都市，天皇是其象征。若以实力为本位，天皇给予的官位理应无用，但大名如果具有官位，不仅能使自身的统治合法化，也能拥有相对于周边大名更优越的地位。天皇虽然在实力上软弱无力，但作为遵循文化传统的秩序的中心，一直保持着权威。朝廷的这一作用也延续到江户时代。由此可见，大名们以京都为目标，而从京都下行至地方的公家子弟作为文化传道士也受到尊重。

领国统治的理念

在室町时代，农业生产力提升，农民自治组织扩大，有不少农民起义就是在农民自治组织的基础上发展起来的。起义规模一旦扩大，就会像"国一揆"与"一向一揆"那样发展到控制一国领地的地步。[1]另外，土仓等金融业的发展也很显著，以京都为首

---

[1] "一揆"即集团暴动。下文提到的"一向一揆"和"法华一揆"都是日本史上的重要事件。——译者注

的居民自治活动也活跃起来，这导致了"法华一揆"。战国时代是以此类经济发展为基础的社会大变动时期。在此背景下，伴随着朝廷和幕府的政治力量的弱化，各地大名群雄割据，以下犯上的霸权主义横行。即便如此，政局也并未陷入无秩序状态。大名一方面要应对臣下和属民的不满，努力维持治安，提升生产力，另一方面必须适时灵活地运用战争与和平的手段来对付与自己对立的其他大名。大名的统治区域在字面上称为"国"，有时也使用"国家"一词。大名就是这个"国家"的绝对统治者，他们为了维持并发展自身的力量，需要超凡的能力。大名与神佛的关系也是一个重要问题，这并不单纯涉及实际利益，在杀戮与被杀戮成为家常便饭的背景下，大名理所当然会依赖神佛，当时也有诸如北条早云、武田信宏这一类即使出家也掌握实权的大名。其他广为人知的例子还有以毗沙门的"毗"为旗帜的上杉谦信，以及统帅笃信净土宗的三河武士团的德川家康。

  理解大名统治思想的门径，既有被称为"分国法"的各国法规，还有颁给弟子和子孙的家训、遗训等。并非所有的大名都有分国法，或者说，有分国法的大名实际很少。虽然《御成败式目》仍具有权威，但实际上，在多数情况下人们还是会依靠非成文的习惯法以及大名本人的判断。设立法规多少会束缚大名的行动自

第六章　大变动与重组——战国、安土桃山时代

由，因此为大名所厌恶。今川氏亲的《今川假名目录》以先进的法规而闻名，特别是规定"喧哗两成败"的第八条声名远扬。后来，今川义元补充了《假名目录追加》，其中有如下规定，如有家臣在出征之时违反法律，即使有战功也是不忠（第四条），以此严格约束家臣。在分国法中，也有《六角氏式目》这样的由于大名实力不足，由家臣集团拟定草案后再让大名授权的例子。

家训和遗训能反映武士们的私人情感，如对家人的爱意，因此颇为珍贵。被视为北条早云撰写的《早云寺殿廿一个条》中，"只要保持内心率直、温和，正直公正，尊老爱幼……具有本心，就能合乎神佛之心"等内容表现出率直的伦理观。江户时代的武士道继承了这样的武士伦理观。

另外，其中"即便祈祷，若心不正，仍遭天道抛弃"所表现出的天道思想也颇为瞩目。"天道"原本出自《易》与《庄子》等中国经典，但在神佛儒等思想融合的时代背景下，又具有与天主教结合的元素。"天道"承续了中世前期的"道理"观念，尽管含糊，也可以说，它是作为伦理本源的超越性存在。"天道"在江户时代也备受重视，后来与太阳信仰一体化，以"御天道样"的形式受到人们信仰。

天下统一与东亚

足利义昭受到织田信长拥戴,进入京都并就任第十五代将军,虽然信长暂时控制了中央,但战乱并未就此终结,最终足利义昭被逐出京都,室町幕府垮台。在此前后,织田信长不只与诸大名战斗,还烧讨比睿山(1571),镇压"一向一揆",以应对宗教势力。织田信长与朝廷的关系颇为微妙,他开始不断对朝廷施压。他在与京都有一定距离的琵琶湖东岸的安土筑城,据说有意把自己神格化。无论正亲町天皇授予信长什么官职,怎样拉拢信长,信长皆不作回复,最终命丧本能寺(1582)。

继织田信长之后的丰臣秀吉向朝廷示好,试图借助天皇的力量将自身合法化,以钳制反抗的大名。秀吉接受了朝廷授予的官位,但这个官位不是征夷大将军,因为秀吉想做关白(1585)。这意味着他不是武家栋梁,而是公家领袖。原本是近卫家与二条家在争夺关白之位,秀吉趁机利用金钱笼络,夺取了非"五摄家"不能就任的最高官位,成功将公家置于自身权力之下。接替正亲町天皇的后阳成天皇巡幸秀吉的聚乐第(1588),以示二人的亲密关系。秀吉凭借全国范围的禁刀令与丈量土地,巩固自己的统治根基,同时还在京都的方广寺建造大佛,着手街市建设。

秀吉之时,天主教势力扩张,"南蛮贸易"活跃,因此他的

第六章 大变动与重组——战国、安土桃山时代

视野不局限于日本国内，开始向外拓展。平定内乱的秀吉将目光投向朝鲜，紧接着就是明朝。秀吉两度出兵朝鲜（1592—1593，1597—1598），谋划让后阳成天皇迁都北京，自己担任统治东亚世界的"大唐关白"，日本国内的事务则交由亲王们处理。当然，这是完全不可能实现的妄想，但不可否认的是，自神功皇后的出征传说以来，视朝鲜为日本附属国的观念一直潜流涌动。以对马的宗氏为中介的两国交往展现了相互认知的偏差。日本对朝鲜半岛的这一野心，经过江户时代的朝鲜通信史阶段，最终导致了明治时代的征韩论与日本对朝鲜的殖民统治。

日本侵略朝鲜使当地生灵涂炭，同时也遭到激烈抵抗，出征的日本士兵无不身心疲惫。作为医僧从军的真宗系僧人庆念，在许多和歌与《朝鲜日日记》中描述了当时残酷的状况。

2. 一神教的冲击

邂逅一神教

1549 年抵达日本的沙勿略（Francisco Xavier）是耶稣会创始（1534）成员之一。耶稣会在席卷十六世纪的欧洲宗教改革风暴中，兴起新修道会运动，成为天主教对抗宗教改革的中心。其

活动的一大支柱是对异教徒的传教。沙勿略身先士卒,以印度的果阿为据点开展活动。此时,他结识了日本人弥次郎(アンジロー),并立志向日本传教。而彼时的新教徒正受困于西欧的内斗,无暇顾及海外传教。后来直到明治时代,新教才成为了日本基督宗教的主流。新教采取世俗主义,与此不同,天主教构建了以罗马教皇为顶点的神职人员科层体制,因此他们需要在日本建立从初等神学院到高等神学院的神学教育系统。

作为巡察使来到日本的范礼安(Alessandro Valignano)采取因地制宜的策略,尽可能地适应当地习俗,以求扎根于此。这个方针也被应用于中国。利玛窦(Matteo Ricci)等人利用儒教的祖先崇拜来传教,但受到其他修道会的批评,引起所谓"礼仪之争",耶稣会被迫解散(1773)。在日本,由于禁教,尚不至于引起这样的争论。因此,尽管日本有天正的少年遣欧使节(1582—1590)与支仓常长等访欧的例子,但他们的努力也终归无果。但是,如同禁令之下"隐匿的基督徒"(隠れキリシタン)一样,日本本土化的独特天主教形态得以孕育。与佛教的日本化一样,天主教的日本化时至今日仍是重大课题。

天主教是在佛教传来以后(时隔多个世纪)首次传来的新宗教,无论是传教士,还是作为接受者的日本人,都深感困惑。只

第六章 大变动与重组——战国、安土桃山时代

从如何翻译拉丁语的"神"(Deus)来看,就屡试屡败。对日本人而言,不仅无法理解创世神,而且对不接受洗礼,去世的祖先就会下地狱,并永不得救的教义感到惊愕。再则,佛教言"空",而天主教却宣讲神与天堂的实在(有),在佛教僧侣与天主教传教士之间的辩论中,这一点是双方的重大分歧。江户时代的不干斋・巴鼻庵(ハビアン)著成的《妙贞问答》(1605)是日本人用日本语记录天主教教义,批判佛教的唯一著作。巴鼻庵论述道,佛教的极乐净土终归是无,而天主教的天堂是实在的,因此值得信仰,可见,他在佛教"现世安稳,后生善所"的思想的延长线上来理解天主教。

战国的佛教

如前所述,曾被视为镰仓新佛教的诸宗在发展上具有时间差,不能一概而论。在战国时代飞速发展的是真宗(一向宗)系的本愿寺派和法华宗(日莲宗)。发源于亲鸾的东国门徒的高田派和佛光寺派势力持续扩张,在此背景下,在亲鸾墓所起家的本愿寺派中,第八世莲如横空出世,真宗骤然壮大。比睿山的徒众因为忌恨真宗的势力而破坏了本愿寺。莲如途经近江,以越前的吉崎为据点开展传教活动(1471),并主要在北陆获得众多信徒。一

般认为，莲如之所以成功，是因为他以"信心"为中心简化了亲鸾的教说，而且他作为亲鸾的子孙，具有独特的宗教魅力。本愿寺的门徒形成了由共同利害关系结合的一揆，不久就壮大为统治加贺一国的一大政治军事势力。此后，本愿寺派也向皇室和九条家靠拢。但是，第十一世显如以石山本愿寺为据点与织田信长战斗，最终败退（1580）。在江户时代，本愿寺派失去政治庇护，分裂为东西二本愿寺，但仍然坚持僧侣食肉带妻的独特立场，维持自身势力。

自日像传教以来，法华宗传播于京都的町众之间。町众是重视现世的新兴工商业者，因此，严厉批判既存体制的法华宗对他们而言颇具吸引力。称作京都"二十一个寺"的法华宗大寺院结成联盟，建立信徒町众的自治体制，形成称作"法华一揆"的一大势力。他们与本愿寺势力对立，烧讨山科本愿寺（1532），气焰炽盛，但被比睿山和大名的联军击退（天文法华之乱，1536）。此后法华宗再度复活，但在与净土宗的大辩论"安土宗论"事件中（1579），织田信长有意判定法华宗失败，以削弱其势力。

禅宗也取得巨大发展。不只临济宗，自镰仓末期的莹山绍瑾以来，曹洞宗也快速发展。战国大名大多皈依禅宗，因为禅宗的人生观让战争中不知明日几何的武士倍感亲切，同时也很重要的

第六章　大变动与重组——战国、安土桃山时代

是，禅宗完善了葬礼仪式，建立菩提寺，发展家庭化宗教。这一倾向影响了江户时代的寺檀制度。

统一国家与宗教

织田信长与宗教势力角力，成功削弱了宗教力量，但是，应该在此基础上与重组的宗教势力结成什么样的关系？这一课题被转嫁给了下一任的丰臣秀吉。当时最重要的问题是天主教的定位。天主教发展了上至大名下至庶民的众多信徒，不断开展王权禁止的活动。很快，正亲町天皇因为厌恶天主教，颁布了称作"大うすはらひ"的《宣教师追放令》(1565)，但实际影响力更大的是秀吉的《伴天连追放令》(1587)。其中称"日本乃神国，绝不接受天主教国所传邪法"，把日本当作神国，以此为依据不接受天主教。"神国"的内涵包含"神"与"佛"，日本在神佛方面已经颇为充实，没有必要接受外来新"邪法"。由此可见，"神国"被赋予了排斥天主教的新内涵。江户时代镇压天主教与锁国的政策继承了"神国"的逻辑。

此后，秀吉以方广寺大佛为据点，企图统一佛教界，他在方广寺招募诸宗僧侣举行千僧供养（1595），还据此将自己的权力贯彻到宗教界，只有日莲宗的日奥一派贯彻"不受不施"的原则，

拒绝出仕。即使进入江户时代，该派别也坚持这一立场，因而被查禁，潜伏地下。秀吉希望自己能作为神被人们祭祀，最终朝廷赐封其"丰国大明神"的神号，以吉田神道的形式于丰国神社祭祀秀吉。虽然在大阪"冬夏之阵"中，丰臣氏全灭，丰国神社也遭破坏，但掌权者死后被当作神来祭祀尚属首次。这是与一直以来的"御灵神"完全不同类型的神，可以称为"显彰神"。德川家康后来效仿于此，被祭祀于东照宫，明治维新以后又出现了许多新的显彰神。

3. 大名与町众

南蛮文化与全球化

天主教传入日本不是孤立事件，而是属于十五世纪以来的欧洲大航海时代的一部分。大航海时代是推进殖民地化的时代，欧洲的船只侵入非洲、亚洲、美洲、大洋洲等世界各地，从事贸易和掠夺，甚至屠杀本地居民。同时，此前分散的地球各地首次整合，描绘世界地图成为可能。此前，东亚世界是依据以中国为中心的华夷观而形成的，但如今华夷观已无济于事。东亚与完全异质的西欧的文化和宗教接触，在吸收对方先进文化的同时，还必

第六章 大变动与重组——战国、安土桃山时代

须对抗自身被殖民地化的威胁,这样便不可避免地卷入了全球化的旋涡之中。

在十五到十六世纪,是西班牙与葡萄牙,后来则是荷兰与英国。英国(1600)与荷兰(1602)于十七世纪初相继成立东印度公司,这恰好也是日本重要的政权交替时期。中国也大约同时从明改朝换代为清(清建国于1616年)。这些变化也反映在日本的外交政策上。"南蛮"原本是中华的华夷观中对南方蛮族的称呼,最初并没有明确的地理所指。西班牙和葡萄牙入侵东亚之时,后期倭寇(对应十四世纪的前期倭寇)在其海域拥有强大势力。其首领多是中国人,例如王直等人几乎拥有独立王国的力量。因此,南蛮势力借他们之力,乘坐中国的商用帆船来到日本。此后,全球化浪潮一波接一波蜂拥而至。另外,西班牙和葡萄牙之间也冲突不断。同为天主教的传教士,西班牙的方济各会和多明我兄弟会对葡萄牙一系的耶稣会提出异议,混乱不断。

传入日本的南蛮文化,不只是诸如天主教这一类精神领域的事物,其物质文明也给日本带来了巨大冲击。最具颠覆性的首先就是枪炮。经由种子岛传入的枪炮完全改变了战国时代的战争方式。之前的武士一对一的战斗方式被抛弃,步兵部队的集团作战成为战争的核心,枪炮的使用进一步奠定了集团作战的地位,在

"长篠之战"（1575）中大显神威。

在文化方面，南蛮文化在印刷术和美术，以及日用品和饮食中留下深深的烙印，并在江户时代激发了人们对荷兰文化的关心。天主教的组织在日本接受南蛮文化上发挥了重要作用，其核心是高山右近等大名和医生曲直濑道三等人。不过有趣的是，他们也是有名的茶人。通过他们可以看到基督教信仰和南蛮文化，以及日本原有的茶文化紧密地联结在一起。因此，我们必须多角度复线地看待从战国到安土、桃山时代的文化。

从斗茶到侘茶

从战国时代到近世初期，诞生了许多描绘洛中洛外景色的屏风画。其中最有名的是狩野永德年轻时画的《洛中洛外图屏风》（上杉本）（图12），据说其历经周折，最终由织田信长赠予上杉谦信。这幅屏风画细致刻画了十六世纪京都的繁华与人们生活的快乐，充满享乐气息。京都的街市曾经是应仁之乱的战场，又经受天文法华宗之乱，一度荒废，而在画里却感觉不到杀伐之气，反而一片繁荣，充满活力。京都的街市作为日本的中心，难怪成为人们憧憬的对象。室町时代的文化摇摆于北山文化的豪华奢靡与东山文化的宁静致远两极之间。或者说，这个时期的文化特征

第六章 大变动与重组——战国、安土桃山时代

同时具有光与影两个侧面。这个特征在战国时代更加显著，并进一步在安土、桃山时代极端呈现。

最能展现这种特征的文化是茶汤（后世的茶道）。在颇为讲究的斗茶

图 12 《洛中洛外图屏风》上杉本（右边，部分）

中，茶人原本身着璀璨的华服，使用昂贵的唐器。其后，在村田珠光、武野绍鸥、千利休等人继承发扬的过程中，斗茶不断被赋予精神内涵，发展成为茶汤。但是，其爱好者被称为"数寄者"，这与从婆娑罗到歌舞伎者继承的花哨奇特的怪异性不无关系。秀吉在喜欢黄金茶室这一点上也继承了这样的个性。北野大茶汤（1587）只需一天即可完成，其不问贵贱、不问形式的祝祭性与《洛中洛外图屏风》中的世界相通。

珠光、邵鸥、利休的系谱虽然也接受了这种倾向，但逐渐将其简朴化为在狭小的草庵茶室中举行的形式，后人称其为"侘

茶"。其实际情况与精神面貌记载于利休的弟子山上宗二所作的《山上宗二记》以及后代的《南方录》中。根据《山上宗二记》，"茶汤者的觉悟"首先是"外表粗陋，内心端庄"。亭主与客人抛却世俗身份，坦然相待，以此达到理想状态。这遵循了与连歌同样的"座"的文化潮流，以期在两叠榻榻米的狭小茶室内浓缩地创造出"一期一会"的场景。与秀吉暴发户似的张扬不同，他们试图在完全相反的方向达到洗尽铅华的奢侈。利休是出身自堺的富裕商人，堺不仅因贸易而繁荣，而且接纳了逃避战乱的京都的文化人，发展出独特的自治世界。深怀反抗性的利休与秀吉邂逅，并最终分道扬镳，二人是桃山时代文化的典型代表。

庶民的文艺

在整个室町时代，被称作"御伽草子"的物语陆续完成，其中有许多在江户时代出版，因此，其各自的成立时代和状况并不明朗。御伽草子不仅在公家和武士阶层中流行，也流行于较为富裕的町人之间，甚至普及到京都之外的广阔地域，其中有一部分被制成了精美的奈良绘本。这些物语与王朝物语和战记物语不同，不仅与庶民的生活密切关联，也出于奇思妙想描绘了梦想和愿望，在为民众提供娱乐的同时，还滋养了生命力和伦理观，以

第六章 大变动与重组——战国、安土桃山时代

及对神佛的信仰心。民众的生活变得如此丰富，反映出在这个时代不仅统治阶级，庶民也开始自主思考自身的生存方式。这也体现出相对于"能"的"狂言"的庶民特征与批判精神。并且，说经节也自此一直流行到江户初期，《山椒大夫》《小栗判官》《かるかや》等说经给民众带来深深的感触。

在此试举一例名为《文正草子》的御伽草子。常陆国鹿岛大神明的大宫司手下有一杂役，名为文太。文太被大宫司解雇，流落到津冈滩，他落脚于此，以煮盐贩卖为业，不久发家致富，改名文正常冈。文正由于膝下无子，便向鹿岛大神明许愿，很快就生育了两个女儿。官封二位中将的关白之子听闻文正之女倾国倾城，便乔装成商人访问文正，最终与长女结婚。中将回到都城后，天皇听闻文正次女更加貌美，便娶为皇妃，生育皇子，文正父凭女贵，官至宰相。这是一则庶人出人头地的喜庆故事，宣扬了勤勉之德与信仰神佛的功德。而且，文正的女儿可以根据自己的意愿拒绝不中意的婚姻，虽仍受限，但女性的地位确有提升。

在御伽草子中，被称为"本地物"的物语自由地构想神佛的本源，体现出新型神佛观的形成。以有名的《熊野的本地》（熊野の本地）为例，在天竺的摩诃陀国，善财王的五衰殿的王妃在生产王子时被嫉妒她的王后斩首杀害，但是，她的乳房不断涌出乳

汁，哺育王子长大。王、王子与王妃飞来日本，成为熊野的神。这一故事的主人公因为经历苦难而成神，作为"苦神"（苦しむ神）闻名于世，不过，在御伽草子中也有像《物臭太郎》（物くさ太郎）那样，没有经历苦难、富有并长生的幸福者成神的故事。可见，神的观念正在一点点发生变化。

第七章　构筑稳定的社会
　　——江户初期

1. 以新秩序为目标

德川的和平

　　1590年，德川家康进入江户。丰臣秀吉消灭了小田原的北条氏之后，又担心德川家康势力坐大，将德川家康从此前的骏河和三河移封关东。但德川家康却以此为契机，以江户为据点构建势力，并在"关原之战"后（1600）成为征夷大将军（1603），于"大阪之阵"（1614—1615）彻底消灭丰臣氏的势力，统一天下，实现和平，史称"元和偃武"。德川家治下的和平延续了两个半世纪。家康、秀忠、家光三代约五十年是构筑长期政权基础的时代。此间，他们以武力压制各地大名、朝廷、寺院等对抗势力，大肆宣扬"公仪"的"御威光"，以各种法令贯彻法治主义原则，由此建成了无人能反抗的强有力的专制体制。正如"幕藩体制"其名，虽然幕府并未采取绝对的中央集权制，各藩国原则上实行自治，但将军位居大名之上掌握强大的统治权。

这样的体制乍一看具有与"中世"完全不同的"近世"形态，二者之间似乎存在巨大的断裂。尽管如此，也无碍于我们理解"大传统"的框架。一直以来，人们都认为江户时代是世俗化的时代，神佛的超越性力量衰减，而实际上从江户初期的天海开始直到幕末，复古神道是维新的原动力，神佛成为运转国家的巨大力量。但是，世俗化的推进也是事实，神佛的力量与世俗伦理密切结合，得以发展。即便朝廷的力量有所衰弱，其机能并未消失。神佛与王权的紧张关系，以及王权中层叠的"大传统"原则持续存在。

接下来我们尝试考察幕府与朝廷的关系。幕府制定了《禁中并公家诸法度》（1615），但朝廷未经幕府许可，敕许泽庵等人身着紫衣，从而受到幕府的责备。一般认为，幕府通过"紫衣事件"（1629）确立了对朝廷的统治权。尽管如此，仍须注意的是，幕府并未对朝廷使用武力。朝廷起到了什么作用？《禁中并公家诸法度》的第一条"天子诸艺能"，列出了学问与和歌等天皇应做的事。这并不是让天皇被琐碎事务束缚，而是让天皇学习如何实现太平之政，发挥传承日本传统习俗的作用。从事无巨细的礼仪规定"有职故实"开始，就由以朝廷为中心的公家集团负责传承日本文化传统。将军和大名通过获得朝廷中的位阶，在这样的传统秩序中找到自身的位置。这表明，武士政权不是战时的暴力工具，而是维持和平时期的文明社会所不可或缺的力量。朝廷由此维系了自身的权威，而不久之后，这成为了幕府的弱点，直至引发讨幕运动。

"武士道"的成立

我们屡屡言及"东亚的近世"，诚然，东亚的共同点是重视儒教，但是在日本江户后期，即便儒教被视为正统，葬礼也是由佛教而非儒教担当。并且，日本并未采用由科举选拔的官僚负责政务、以能力为本位的行政体制，而是由武将出身的武士集团直接成为统治者。在这一点上，日本在整个东亚范围内都显得非常特殊。

原本是武人、战士的武士能否在长期的和平时代执政？若在战国时代，许多问题或许能以武力解决，而在和平时代，只有文职官僚才能起作用。虽然如此，国家紧急时刻也不得不借助武人的力量，因此需要文武双全的人才。而且，武士依存于作为生产者的农民，是不劳而获的阶级，但随着货币经济的发展，数量庞大的武士很可能成为累赘。在以维系"家"为至上原则的大背景下，武士的生存方式不得不背负相当大的困难。从将军、大名到御家人，各阶层的武士都面临着这样的问题。针对大名而制订的《武家诸法度》（1615），其第一条是"武士应专心修练文武弓马之道"，倡导文武双全，而在细则中，以轮流到幕府供职（参勤交代）为首的义务，将武士束缚于种种严格制约之下。

在此背景下，虽然儒教渐渐成为武士的伦理典范，但在根本上，武人还是会追求武人自身的独特生存方式，并不会彻底束缚于儒教的德治主义与仁的精神。武士道开始形成，并逐渐体制化，确立与公家不同的礼仪作法，即"武家故实"。在江户时代，人们向往理想的武士，因此《太平记》颇为流行，《太平记评判秘传理尽钞》等注释书也应运而生，甚至被应用于现实的政治世界。从武士到町人，讲说《太平记》的"太平讲"广受欢迎。

战国时代的大名的生活方式和思想，也被不久以后的江户时代继承。《甲阳军鉴》最早使用"武士道"之语。该书从家臣的视角看待甲州武田氏的兴亡，将其归咎于江户时代的到来。书中理想化了武田信玄的形象，他在战场上是出色的军事家，同时也时常关怀家臣和属民。除了信玄，书中还描绘了忠实贤明的家臣形象。公认的体现武士道精神的代表作是锅岛藩士山本常朝所作的《叶隐闻书》(约 1716)。实际上，当时的武士业已官僚化，不再有沙场上赌命的紧张感。该书反映了这一时代背景。从其中的名句"武士道视死如归"可以看出，在此时代背景下，作者呼吁重返武人的原点以获取武士的身份认同。

世界史的转换与锁国

德川幕府建立的十六世纪末到十七世纪初，世界也处于历史大变革时代。中国北方女真族（后改名为满洲族）的努尔哈赤（太祖）在 1616 年建立了清的前身后金，势力不断壮大，在 1644 年替代因内讧垮台的明，以北京为首都统一中国。明的残党在南方坚持战斗，直到退守台湾的郑氏最终降清为止（1683）。清是多民族国家，皇帝通过以不同的政治形象面对不同的民族，出色地实现了多民族国家的统一。清的版图与如今的中国基本一致，可以说，清奠定了现代中国版图的基础。

在东亚局势风云变幻的背后，欧洲也在发生变动。最早携手天主教传教，称霸世界的是西班牙和葡萄牙，荷兰和英国后起直追，把触角伸向亚洲。德川家康最初无视天主教传教，单纯谋求朱印船贸易繁荣所带来的利润，豪商派遣的朱印船在东南亚各地积极开展活动。但是，在乘博爱号（De Liefde）漂至日本的荷兰人耶扬子（Jan Joosten van Lodensteyn）和英格兰人三浦按针（William Adams）担任家康的外交顾问以后，家康开始怀疑西班牙和葡萄牙意图利用传教对日本进行侵略。

《伴天连追放令》（1614）之后，日本逐渐强化对天主教徒的镇压，这一过程继承了丰臣秀吉的"神国"论，也即，日本是由神佛守护的神国，无需新型"邪教"，这种观点成为定论。最终在德川家光时代的岛原之乱（1637—1638）前后，幕府强化了禁教和禁止自由海外贸易的政策，完成了所谓"锁国"（1639）。可见，宗教问题与贸易问题息息相关，再加上对外国侵略和天主教徒叛乱的担心，这些因素共同促使幕府确立了锁国的方针。宗教问题是其中最大的问题，幕府也通过彻底镇压天主教徒强化了自己的专制统治。

"锁国"一词源于兰学[1]者志筑忠雄把恩格尔伯特·肯普费（Engelbert Kämpfer）《日本志》的一部分翻译为《锁国论》（1801）。不久，又从锁国发展到或是攘夷或是开国的激烈争论。但这不仅是日本一国突出的问题，实际上清等国家也实行贸易管制。而且

---

[1] 兰学，指自荷兰传入的包括自然科学在内的西方新知识。——译者注

第七章　构筑稳定的社会——江户初期

日本并未完全紧闭国门，更确切说，是把国际贸易往来汇集到长崎一地，置于幕府管制之下。在此期间，日本与荷兰的贸易备受关注，但实际上日本与清的关系更加密切，在文化上受清的影响也更大。明末高僧隐元隆琦来日，谒见将军德川家冈，在京都附近的宇治创建万福寺，创立黄檗宗（1661）。隐元隆琦并不单纯传授佛法，他作为新的中国文化的转播者，在美术、饮茶等诸文化领域也给日本带来巨大影响。（图13）他

图13　隐元墨迹"黄檗山"

培养了大批门徒，黄檗宗的铁盐道光出版了黄檗版的《大藏经》，影响尤甚。另外，通信史与朝鲜的交流也以对马的宗氏为媒介贯穿整个江户时代。

2. 神佛儒的时代

作为意识形态的神佛

以心崇传和天海二位僧人是德川家康的最高政治智囊。崇传

从建长寺、南禅寺的住持变成德川家康的政治顾问（1608），他完全主导以《诸法度》为首的法律制度的完善，以及朱印船贸易和禁压天主教等外交与宗教政策。室町、战国时代的五山僧人通晓东亚局势，起到外交智囊团的作用。在国内政治上，崇传也发挥了才能。他制定的政策并没有浓厚的佛教色彩，不过当时面临的主要问题是天主教和佛教诸宗派，因此也只有既精通局势又了解佛教的崇传才能应付。

实际上，在日本针对天主教的对策方面，佛教起到了很大作用。儒教的理论并不完善，能对抗天主教的正是佛教。在"岛原之乱"后，人心浮动，在此背景下，铃木正三的《破吉利支丹》（1642）和雪窗宗崔的《对治邪执论》（1648）对天主教进行严厉批判，指责天主教归根结底不过是模仿佛教的东西。不同于天主教徒，正三还在《万民德用》中以佛教立场提倡四民的伦理，在《因果物语》《二人比丘尼》等假名草子中通俗地宣传佛教，试图表现出佛教与新体制一致之处。正三还具有与寺檀制度相近的构想。

但禁压天主教不是单纯的理论问题，而是被彻底贯彻到实际政治层面的行动。始自宗门整改的"宗旨人别帐"，其初衷是揭露隐匿的天主教徒，但逐渐起到户籍的作用，使幕府完全掌控和管

第七章 构筑稳定的社会——江户初期

制居民成为可能。使寺院与檀家关系得以固定的寺檀制度据此确立，佛教开始成为国家体制的基层组织，反而又由此渗透到国民生活的方方面面，参与构建国民共同精神世界的基础结构，这一点不容忽视。

相比崇传，天海与德川家康的个人信仰关系紧密。德川家族和他们的家臣三河武士团原本都笃信净土宗，在江户开府之时把净土宗的增上寺作为菩提寺，但德川家康结识天海后，开始关注天台宗。天海的前半生不详，但他受到晚年的德川家康信赖。天海在家康面前论义诸宗，试图以此振兴天台，并在秀忠、家光时代确立了新的宗教体制。天海一方面在上野建立宽永寺，将其与增上寺并列为德川家的菩提寺。另一方面创建东照宫，以天台的"山王一实神道"形式把家康神格化，最终把家康作为"东照大权现"祭祀于日光东照宫，守护德川政权。管理日光的轮王寺作为门迹寺院迎来宫家的住持，住持还同时兼任宽永寺住持、天台座主，因此轮王寺在天台宗内部成为超越延历寺的权威。日光和宽永寺守护的江户超越了比睿山守护的京都，成为日本的中心。但它也有弱点。即使东照宫由天台宗赋予权威，但仍然无法安置于天照大神—天皇的国家神话谱系中，因此，只要佛教权威衰落，德川家康的神格化就会丧失根据。实际上，在幕府末期尊王论高涨的背景下，东照宫未能在理论上给德川幕府提供支持。

儒教的形成与儒佛论争

德川家康主要重用崇传和天海，另一方面，幕府也起用朱子学者林罗山。爱好学问的家康关心作为治世之学的儒教，林罗山二十三岁首次谒见家康，二十五岁被正式起用（1607）。不过，家康命令林罗山落发为僧，以僧人的身份从政。新儒教并不是博士家的儒教，而是从五山禅僧的学问独立发展起来的。江户初期，藤原惺窝、林罗山、山崎闇斋等活跃的儒者都曾就学于京都的五山禅寺。离开禅寺的儒者在幕府和诸藩任官，并通过于市井讲学来立身。

在世俗化扩张的时代背景下，儒教因注重现世秩序与伦理，逐渐受到称誉。惺窝与罗山虽然采取朱子学的立场，但并不局限于朱子学，他们都具有强烈的以儒教对抗佛教的意识。朱子学原本采用"理气二元说"，以"理"统一多样而无秩序的"气"，以秩序化为原则。在这中间，人类世界的伦理与自然界的法则并行，对自我的探求与对自然界的探求一并受到重视。日本在接受儒教初期，首先着眼的是社会伦理的确立，以及基于此的政治稳定。

第七章 构筑稳定的社会——江户初期

不过，佛教并非没有确立世俗伦理基础的理论。这就是三世因果说，宣扬善恶的行为反映于来世。罗山与友人松永贞德的往来书信被编集成《儒佛问答》。贞德作为俳人闻名于世，也是日莲宗不受不施派的信徒。二人最大的分歧是，贞德提倡三世因果，而罗山否定三世因果，以"理"说明世界的变化。此类争论在当时以各种各样的形式进行，在假名草子《清水物语》（朝山意林庵，1638）和《见京物语》（作者不详，1659）中也记载了同样的儒佛争论。前者是批判佛教的现实主义立场，后者采取儒佛一致的立场。这个时代的佛教开始突出三世因果说，铃木正三的《因果物语》广受好评即有所体现。

承认三世因果说与否，不仅关系到伦理基础的问题，还关系到是否承认超验现象，或是否始终采取现世一元论的世界观。乍一看，在世俗化的时代背景下，现世一元论肯定会更有力，但实际上世界并非只是单向度地向世俗化推进。围绕死后灵魂（鬼神）存在与否的论证（鬼神论），江户中期的儒者予以否定，不久由于平田笃胤的影响，鬼神再次获得承认，现世主义也遭到批判。儒教中原本也有祖先崇拜形式的来世论，德川幕府将此机能交由佛教，基本禁止儒教形式的葬礼祭祀。儒教欠缺葬祭的"礼"，因此不如佛教那般更易扎根民间。恐怕正是出于这个原因，佛教教团到近代仍然得以维系，而儒教却没有留下自己的组织。

儒教系神道与日本型华夷思想

儒教基于华夷思想，把中国视为文明国，把周边视为蛮夷之地。日本也是东方的蛮夷国家（华夷）。与此相对，在中世的神国论中就已出现可被称作日本型华夷思想的日本中心论。此时，为了对抗天主教，人们再度将日本定位为神国。当初在实质上支持神国的是佛教，此时取而代之的则是儒教。儒教采用了两种方法以支撑神国论，一是重新阐释神道，一是重新认识历史。

林罗山紧密结合这两种方法，基于儒教的理性主义重新解释日本的神话与历史。在《神道传授》（1644）中，罗山主张"理当心地神道"。神道的根本是"心"，是"理"，众神的根源国之常立神无非是根本的"一心"。相当于太极的"一心"等于国之常立神，通过分化进而形成世界。日本神话无非是解释国之常立神如何展开为分化的世界。那么，日本作为一个国家是如何兴盛的？罗山采用了"太伯（泰伯）皇祖说"的立场。太伯是周太王的长子，他让位于弟，隐居南方的夷狄之中，日本因此与周王的血统相连，比王朝断绝的中国更加优越。

罗山为了把"太伯皇祖说"阐释成历史，力图编纂幕府公认

第七章 构筑稳定的社会——江户初期

的历史书，由其子林鹅峰完成《本朝通鉴》全三十一卷（1670）。自德川光圀开始编纂的《大日本史》全三九七卷（1906年完成），比前者更清晰地提出儒教的名分论立场，深刻影响了后来的尊王论。在以这种方式书写的历史书中，皇统的连续性被置于根本。由此一来，朝幕关系必须被解释为幕府辅佐朝廷，朝廷委任政权，结果幕府被置于朝廷之下。在江户初期，这尚不成问题，但从江户中期开始，这个问题被放到明面上来。

说到十七世纪的儒家系神道，山崎闇斋的"垂加神道"最负盛名。热忱的朱子信奉者闇斋试图把朱子学的"理"融贯到日本神话中。这一点有与罗山相似之处。罗山试图以"理"把神话合理化，相比于此，闇斋则融会贯通了朱子学的君臣伦理，因此被以会津的保科正之为首的武士阶层接受，成为后来尊王思想的源头之一。并且，闇斋接受了吉川惟足的秘传，发展出独特的神人一体说。"垂加"是受自惟足的灵社号。或可认为，这种神人观是人能成神的构想的源头之一。

儒教的日本化由此逐步推进。山鹿素行的《中朝事实》（1669）明确了日本中心主义，主张日本正是"中国"。该书认为日本处于世界中心，自神代以来，皇统连续，未曾断绝。这一观点放大了日本皇统的一贯性。在此类问题留给下一代的同时，日本型的华夷论也逐渐定型。

3. 多元化的伦理与文化

探究生存方式

战乱终于结束，人们重返和平的生活，新秩序也逐渐形成，在这一背景下，如何努力地生活终于成为一个有实际意义的问题。这个问题无关乎大政方针，也没那么超凡脱俗，虽然植根于日常，也不该轻率而茫然。究竟应该怎样生活呢？这涉及一个更根本的问题——人的本质是什么。抛开士农工商的身份，回归人类本质的理想生活是什么。从普遍原理重新思考这些问题，终于成为可能。这不是对经典的照本宣科，而是基于自身问题意识的反思，又是在生活中践行这种思考的实践。对这一双重问题，人们尝试不假外物地独立思考与解答。

首先对这一根本问题提出挑战的是中江藤树。藤树就仕于伊予大洲藩，但他以对母亲尽孝为由脱藩，回到近江，开办私塾。他的立场逐渐从朱子学转向阳明学，虽然他四十一岁早逝，但其著作《翁问答》（1641）以"孝"为原点发展出独特的思想。"孝"不仅是对父母的义务，更是效法天地的根本"太虚神明"的生存方式。君子应把孝敬父母之情推及他人,乃至天地万物。藤树认为,生存之道并非来自抽象原理,而是来源于人们最切身之处,从而使脚踏实地的实践成为可能。"孝"并不止步于日常生活层面,而是最终要面向太虚皇上帝这样的人格化最高原理,以此实现普遍化。并且,藤树没有全面否定佛教,他把释迦和达摩视为圣人之下的狂者(未必是否定意义)纳入他的思想体系之中。

从根本上重新阐释《论语》和《孟子》等儒教经典,并提出具有说服力的学说的是伊藤仁斋。町人出身的仁斋在青年时代就醉心于朱子学,想要体会其根本精神,却一度在思想上陷入困境。他在苦心孤诣之后,抛弃了朱子的学说,提出了回归原典的古义学方法。他从儒教的根本奥义"仁"中进一步解读出"爱"的内核。"爱"本出自《论语》,但仁斋认为,五伦五常这样的伦理行为如果在根本上没有爱的话,是不能成立的。"爱"比伦理规范更加根本与原始。"爱"是朱子学的"理"吗?仁斋对此予以否定。仁斋认为,"爱"不是"理","爱"的根本是"气"。"气"是像能量一样自然涌出的东西。仁斋在先于一切形式的自然关系中,寻找自我与他人的根本,这体现出仁斋的远见卓识。

佛教方面也表现出新的动向。铃木正山虽然属于曹洞宗,但他不拘泥于宗派，提倡独特的"二（仁）王禅"。再者，师事从明渡来的道者超元的盘珪永琢，宣扬一种人只要保持与生俱来的"不生心"即可的"不生禅"，颇受教内外人士的信奉。

货币经济与町人文化

到十七世纪后半叶，社会局势终于稳定下来。生产效率的提高大幅刺激消费，资本主义货币经济急速发展。与此同时，相比于以传统为荣的京都，商人城市大阪取得巨大发展。江户也不断成长，但由于明历大火（1657）等屡次火灾，不得不予以重振与复兴。商人的能量像奔流一样迸发，以货币为媒介的物欲迅速膨胀。既有积累巨额财富的成功者，也有不少误入歧途而没落的失败者。对解甲归田的武士们来说，这是一片新战场，他们和商人们一起，一边在其中摸爬滚打，一边在竞争中努力出人头地。伴随着物欲，性欲也在幕府的管制下卷入了货币经济。以京都的导原、大阪的新町、江户的吉原为首的各地出现遊郭，女性成为被展出、贩卖、消费的商品。遊郭与外界分裂，成为封闭的异度空间，由此开辟出虽在现世而异于现世的祝祭世界。

信息革命也发展迅速。印刷出版受到天主教版和朝鲜活字本的刺激，历经江户初期的古活字本时代，固定为版木的木版印刷

第七章　构筑稳定的社会——江户初期

形态，以京都的出版业者为始，逐渐实现大规模出版。实用书和娱乐书大量上市，信息传达变得迅捷。美人肖像画和直白的春画供不应求，不断刺激着人们的欲望。性不再是遮遮掩掩的淫靡之事，而是被落落大方地赞美的东西。成为这个时代宠儿的是井原西鹤。他是矢数俳谐的能手，以其绝妙的表达方式与旺盛的创作力陆续创作《好色一代男》（1682）等色情作品、《日本永代藏》（1688）等町人作品、《武道传来记》（1687）等武家作品，以及浮世草子作品。西鹤的作品虽然极端戏剧化，但他通过精巧的编排创作出似乎真实存在的轶事，内容上并不深入，而是像热点新闻那样接踵而至，让人们目不暇接，乐而不厌。

另一方面，人形净琉璃[1]作家近松门左卫门把作品题材从历史剧拓展到社会剧，他创作的第一部情死剧《曾根崎心中》（1703）取得巨大成功。他以轰动社会的真实殉情事件为蓝本，加以虚构，创造出货币经济社会中的失败男性与在性逐渐商品化的背景下成为牺牲者的女性携手赴死的故事，不时穿插描述周遭的人情世态，引人进入热烈的情感世界。正如"虚实皮膜"这一创作理念所传达的，他用绘声绘色的笔触，将引起舆论哗然的殉情事

---

[1] 日本木偶戏。人形即木偶，净琉璃是以三味线伴奏的说唱曲艺。——译者注

件的内情勾勒得鲜活而丰满,唤起了人们超越事件本身的强烈感动。同时代的松尾芭蕉创作的俳谐以平和淡泊为特征,具有高度艺术性,他之所以闻名于世,主要是因为日本国内的文化水平普遍提高,更多的人不再满足于此前滑稽趣味性较强的俳谐。被称为"蕉门"的松尾芭蕉的门人以江户为据点,形成全国规模的组织,支持芭蕉的游历生活。

作为转型期的元禄

江户初期的社会稳定滋生出清新的文化,其高峰是第五代将军德川纲吉执政的元禄时期(1688—1703)。第三代将军德川家光巩固了幕府的统治基础,但第四代将军家纲没有继承人,因此其弟馆林藩主纲吉继任。纲吉干劲十足,但因为重用任职侧用人的柳泽吉保,实行"怜悯生物之令"和铸造货币之类的恶政,后世对其评价不高。然而,这样的负面评价未免失之片面。"怜悯生物之令"确实过于极端,也滋生了许多弊病,但它原本是基于佛教慈悲观念的政策,也有致力于孤儿救济等积极的一面。柳泽吉保是著名的文化人,他任用儒者荻生徂徕,还从京都延请古典学者歌人北村季吟,一下子提高了江户的文化水准。吉保的正室曾雌定子擅长表演,其侧室正亲町町子因拟古文《松阴日记》而闻名,

第七章 构筑稳定的社会——江户初期

另一侧室饭冢染子钻研禅并有《故纸录》存世。可见，吉保的家室充满了儒佛和古典、和歌等丰富的文化氛围。

高扬文化的元禄时期成为江户时代的重大转折点。生产力的提高和经济的发展扩大了消费，同时也导致了作为非生产者的武士的穷困。此后幕府屡次改革以抑制消费，但政策的效果有限。与此同时，佛教深度参与幕府的政治方针的时代，也转向于以实务性更强的儒教为中心的时代。完善江户都城功能的工程暂告一段落，江户成为将军脚下的新文化中心。武士、商人、职人分而居之的江户诞生了不束缚于传统的自由豁达的文化，尤其是把"粹"（いき）而潇洒（いなせ）的职人气质视为理想的庶民文化充满活力。

元禄接近尾声，发生了赤穗浪士的袭击事件（赤穗事件）。赤穗藩主浅野长矩在江户城内砍伤高家笔头吉良义央，被迫切腹自杀，而他的遗臣（失去主公的武士被称为浪人）冲入吉良宅邸，向吉田义央复仇，四十六名为主公复仇的浪人最终受到切腹的处分。从审理阶段开始，支持和反对浪人们做法的两派争执不下。坚守忠义立场上的人予以支持，秉持法治立场的人则加以反对。进而有人追溯案件源头，批评浅野长矩以刀伤人，有人批评幕府的裁定不公。凡此种种，不一而足。

在和平年代，这一事件引发人们重新思考武士的伦理与政治的关系。浪人们获得了庶民的同情，人形净琉璃、歌舞伎作品《假名手本忠臣藏》（1748）颇具人气，在之后很长一段时间，义理和人情纠缠的物语都受到日本人的喜爱。

第八章　思想的百花齐放
―― 江户中期

1. 儒教统治的具体方案

幕府改革与朝廷

幕府成立百年后，元禄文化繁荣，这是因为幕府成立初期的紧张局势有所缓和，文化得以自由传播。幕府由于财政拮据，作为勘定奉行的荻原重秀大胆降低货币的金银含量，以通货膨胀政策度过危机，但其弊端逐渐暴露。德川纲吉去世后，成为第六代将军的德川家宣起用亲信间部诠房与儒者新井白石，谋求改革（1709）。第七代将军德川家继继承其父的政策，二人的统治史称"正德之治"。新井白石使荻原垮台，他提高货币质量，转向通货紧缩，同时试图基于儒教的伦理观建立公正的制度，并削减各方面费用，在外交政策上采取了改善朝鲜通信史的待遇等务实的外交路线。

新井白石大刀阔斧地改革既有制度，遭到强烈反对，后被第八代将军德川吉宗罢免(1716)。但是，德川吉宗实行的"享保改革"实际上继承了白石的方针。他起用室鸠巢、荻生徂徕，以儒教的伦理观为核心，通过勤俭节约和重视农业的政策以调整财政，追求制度与裁判的公正化。后来，历经田沼意次时代的重商主义的反弹，松平定信的宽政改革（1787）再一次继承了儒教的理念。定信实行"宽政异学之禁"（1790），把汤岛圣堂的讲学内容限定为朱子学，从传承儒教的林家分离出汤岛学问所，将其设立为由幕府直辖的昌平坂学问所（昌平黌）（1797），以此振兴学术。与此同时，幕府体制的破绽逐渐暴露。

在此期间，朝廷的局势如何？后水尾天皇和灵元天皇先后担任天皇与上皇，长期在位。他们虽然与幕府存在摩擦，但双方构筑了稳定的妥协关系，以大尝祭为首的宫中仪式活动也稳步复活。但是，批判幕府的尊王主义主张逐渐产生，学习"垂加神道"的竹内式部的宝历事件（1758）、山县大弐等人的明和事件（1767）等危机先后发生，幕府再也无法坐视不管。光格天皇即位（1779）后，朝廷一方愈发强势，屡次与幕府发生冲突。冲突的高潮是所谓"尊号事件"，光格天皇是希望能赠予父亲朝典仁亲王"太上天

第八章 思想的百花齐放——江户中期

皇"称号的。虽然结局是幕府拒绝了光格，但一直以来由幕府占据上风的妥协关系发生转变，在尊王论高涨的背景下，朝廷的分量有所增加。

儒者的朝幕论

到江户中期，儒者替代佛教，开始介入政治。人们开始追问世俗社会的秩序是什么？因此有必要反思仅凭神佛与将军的威望难以应对的现实问题。作为政治哲学的儒教受到追捧的原因即在于此。儒教以"天"作为根本原则，当"天"成为世界的内在原理时，就被称为"理"。"理"是普遍原则，不会随文化和地域的差异而改变。然而，将这一原则应用于日本之时，却出现了重大问题。以天＝理的天命原则来解释幕府作为现实政权的合法性，或许可行，但无法回答朝廷的意义。反之，如果以神—天皇的一贯性作为根本原则，儒教的天＝理的原则就不再适用。前章提及的"太伯皇祖说"或许是一种解答，但这样一来，日本就会沦为中国文明的从属。到江户后期，牺牲天＝理的普遍性，以神—天皇的一贯性为根本原则的国体论成为主流。主要的儒者不再纠缠于这一问题，而是致力于将儒教的政治原则应用于幕府的现实政策当中。

新井白石在自传《折焚柴记》(1716)序中，从朝鲜通信史的文书格式问题出发讨论天皇与将军的关系。简言之，天皇作为"日本天皇"，将军作为"日本国王"，两者的关系被明确划分为"天"与"地"的差别，将军便与朝鲜国王同等地位，天皇则成为超越将军的存在。他在历史论著《读史余论》(1712)中详细讨论了天皇和将军的关系。书中认为，从源赖朝时期开始，武家成为天下的"共主"，开启了"武家之代"，而足利尊氏之后，朝廷成为"虚器"，天下完全成为"武家之代"。也就是说，天皇在形式上居于尊位，但天下实际掌握在武家手中。由于天皇被架空，实际政权归属将军已成定则，幕府的统治获得了合法性。

荻生徂徕还向将军德川吉宗建言献策，写成《政谈》，其基本内容主张以适当的制度确立社会秩序。徂徕认为，制度的建立并非依据天＝理，而是依据"古之圣人"。圣人创立的制度确实具有普遍的实用性，行之有效，但不具有天＝理的必然性，因此并不比天皇的存在更加根本。徂徕的学说搁置天皇论，说到底是为了解决现实问题，即如何建立一个稳定的由武家统治的社会制度。其具体方案的基础是明确上下等级秩序，并且以农为本，武士应回归领地，扎根基层。不过应该指出的是，这种上下等级秩序存在着一个重要的漏洞。由于将军的官位由朝廷授予，从这一点来

第八章　思想的百花齐放——江户中期

看，将军的地位与诸侯无异，那么如果有一天将军权威不振，或许会有人认为朝廷才是真正的主人，因此，有必要创立武家独立的官位秩序。但这个建议没有被采纳，荻生徂徕担心的事应验了。

放眼世界

一般认为，江户时代对外开放了长崎（荷兰、中国）、对马（朝鲜）、萨摩（琉球）、松前（爱努）四个口岸。其中成为思想史问题的首先是与朝鲜的关系，因为在江户时代与日本正式缔结外交关系的只有朝鲜。两国都试图彰显自己国家占据上位，因此从文书措辞到应对通信史的态度等细节都需要格外留意。对马藩居于二者之间，不得不时时掉包文书，小心翼翼，终于保住了两国之间的和平。在此背景下，该如何称谓德川将军也成为重大问题，如上所述，新井白石主张把"大君"替换为"国王"。与白石同是目下顺庵门下的雨森芳洲作为对马藩的儒者，凭借出色的语言能力，在交涉第一线为两国的和平交流殚精竭虑。

日本在长崎与中国、荷兰的交往并非国家间的外交关系，但是在贸易和输入新文化方面产生重大影响。尤其是在出岛与荷兰的交易是日本开放给西方的唯一路线，不仅是南蛮泊来的物品，也是医学等当时急速发展的西方科学的传入窗口，这些研究成为了引领学术界的兰学。与中国人和荷兰人交流很大程度上需要依靠世袭的翻译"通词"的语言能力，人们由此也开始认识到语言学研究的必要性。荻生徂徕重视学习中文的背景也即在此。

新井白石曾盘问偷渡到日本的最后一位天主教传教士意大利人西多契（Giovanni Battista Sidotti）（1709），并在《西方纪闻》中记载了这件事，还把从西多契那里获得的世界地理知识著成《采览异言》。在《西方纪闻》中，白石详细询问了天主教教理和世界地理，表现出想要获取新知识的热情。长崎的西川如见在学习天文历法之后，把世界地理整理成《增补华夷通商考》（1708），其中甚至包含了南北美洲。日本人绝没有因为锁国而陷入视野的狭隘，而是持续保持着对世界局势的强烈关心。

2. 复古与革新

神话的再发现

相对于儒者的政治论，本居宣长基于完全不同的原理展开的政治论大放异彩。其说可见于献给纪州侯德川治贞的《玉匣》《秘本玉匣》（1787献上）。《玉匣》认为，"诚之道"虽然普遍，但已被他国丧失，只在皇国（日本）正确传承。这就是"神代古传说"。只有天照大神才是万国的统治者,继承其血统的皇国才是"万国的元本大宗",因此没必要使用异国的说法来论证日本的合法性。那么这样一来,朝廷是否应该执掌大权呢?并非如此。《玉匣》指出"根据朝廷的任命,大将军家执掌天下的政治",幕府通过朝廷的委任从而执政,这称作"大政委任论",后来松平定信等人将其明确化,并据此合法化了幕府的统治。但是,反过来说,幕府若不堪此任,就应当奉还大政,因此这是像定时炸弹一样的理论。

本居宣长所撰《古事记传》(1764—1798)是其古代神话研究的集大成之作,他的理论主要以此为基础。在他之前的神话解释主要以儒家一系为主,例如山崎闇斋以五行说解释神话。新井白石的解释也值得注意。白石在《古史通》(1716)中以《旧事本纪》(传说是圣德太子所撰历史书)为素材考察神代史。其基本态度是"神者人也",试图作出理性的解释。他从这一点出发比对中国、朝鲜的神话,发现以常陆为中心的东国地区是日本古代神话的发源地,提出了以排斥自国中心主义和皇统中心主义为特征的解释。

而本居宣长正相反,他彻底排斥理性的解释,试图把《古事记》的相关记载当作真实的事件。他一方面继承了始自契冲的基

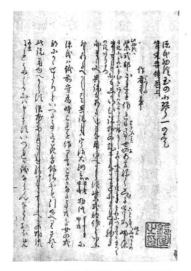

图14 本居宣长手书《紫文要领》

于《万叶集》研究的古代发现,另一方面也受到荻生徂徕的古文辞学中精密的文本解释学的影响。宣长首先从和歌与《源氏物语》的研究出发,尤其反对以佛教或者儒教的教义来解读《源氏物语》,他主张正是超越道德性善恶的"物哀"才是《源氏物语》的根本人生观(《紫文要领》《源氏物语玉小栉》)。(图14)他以此为出发点并回溯过去,进一步推进对《古事记》的研究。他把"神"(カミ)定义为"非同寻常,具有至上之德,是可畏之物"(《古事记传》卷二),不再以汉字为基础来阐释"神"的内涵,取得令世人刮目相看的成果。由这一点出发,宣长进而推出只有日本才传承了"诚之道",且"诚之道"即皇统的"日本中心论",这难免存在着逻辑跳跃。日本中心论对后世产生了巨大影响。

回归佛陀

本居宣长否定了历代积淀的古典解释,回到重新创作古典的

第八章 思想的百花齐放——江户中期

原点。从这一点来看,实际是否定传统。这是一种通过否定传统发现新传统,或者说创造新传统的吊诡工作,与荻生徂徕回归创作儒教圣典的中国古代圣人的做法类似。可以说,同时代的佛教界也有类似做法。

如"近世佛教堕落论"一语所体现的,近世佛教曾被视为堕落的,或是没有讨论价值的。但是,近年的研究表明,即使在江户时代佛教也很活跃,对社会产生重大影响。如前所述,在江户时代初期,佛教无论在政治上还是在社会影响力方面,都比儒教更有力量。到了江户中期,儒教兴盛,神道日益发展,但佛教的作用依然持续。特别是在朝廷的大尝祭中断期间,基于密教形式的即位灌顶仪式仍然得以保留。并且,没有继承皇位的皇子和皇女出家进入门迹寺院是再平常不过的事。

佛教与王权关系密切,具有应对天主教、寺檀制度的政治机能,不仅如此,即使作为近世思想,佛教也具有重大意义。尤其是自明朝传来的黄檗宗作为最新文化带来巨大冲击。在儒教和国学者的排佛论逐渐盛行的背景下,佛教采取神佛儒一致的立场,试图以此展示佛教的存在价值。提倡三教一致的伪作《先代旧事本纪大乘经》就有黄檗宗潮音道海的参与。

在儒教和国学推进重读古典和回归古代的思潮下,佛教不仅继承传统,还改革教团,回归传统的教团组织形式,并且不断形成新的教理思想。特别是希望重振宗风的人们不仅复兴戒律,还以重建原本应有的教团秩序为出发点展开活动。其中备受瞩目的是天台宗灵空光谦等人的安乐律运动。灵空等人与传统派论战,认为最澄采用的日本独特的大乘戒并不充分,应采用中国主流的四分律。与儒教和国学不同,佛教的复古运动走向了摆脱日本中心主义的反方向。

这一动向与思想层面的传统主义批判有关。安乐律运动的灵空等人批判中世本觉思想的口传主义,主张基于文献回到中国天台的正统教理。与荻生徂徕等人的古典解释相同,华严宗的凤潭僧濬也对传统学说持有异见,成为一场大论战的焦点。德门普寂和慈云饮光等人,重新评价被视为小乘而受到轻视的初期佛教的理论与实践,在独尊大乘的日本佛教传统中激起波澜。真言宗的慈云独立开展印度梵语研究,从稀少的资料出发推进印度原典研究,兴起回归佛陀时代正法的正法运动。但是他晚年转向了神道研究,基于密教的解释主张"云传神道"。如上所述,随着儒教与国学的动向,江户中期的佛教界也出现了新思想和新实践,这与近代佛教研究的潮流息息相关。

第八章　思想的百花齐放——江户中期

世俗与宗教

江户时代总是被赋予世俗化的时代特征。生产力提高，物质生活丰富，货币经济发展，因此社会复杂化，世俗的、现世的领域扩大。并且，教育普及，文化大众化，普惠到更广泛的阶层。世俗化总是与马克斯·韦伯所言"祛魅"联系在一起，作为理性化、近代化的问题受到学者关注。不出所料，近年来单纯的近代化理论黯然失色，因为在世俗社会扩张的背景下，人们的生活方式也大为改观。应以什么样的原则来生活，人们重新开始追问宗教和伦理的理想生活。

世俗社会的伦理原本是儒教的看家本领。儒教宣说五伦（君臣之义、亲子之亲、夫妇之别、长幼之序、朋友之信）、五常（仁义礼智信）等体系性的世俗伦理原则。这些基本世俗伦理施行于社会全体，但未必被当作儒教。系统接受儒教的主要是武士阶级，普通庶民并未受到儒教的经典教育。而世俗社会的生活方式则更多以佛教为媒介。佛教界中也有像白隐慧鹤那样使用假名法语，设法让佛教义理通俗易懂的僧人。慈云饮光在《十善法语》中基于十善戒传播教义。人们也常指出，真宗的教义予近江商人的活动以强烈影响。

儒学者强烈排佛，但在现实生活中，神佛儒融合的形态更为普遍。石田梅岩兴起的心学是其显著体现。梅岩出身农民，以京都的商人阶层为中心传播学说，著成《都鄙问答》(1739)。按照江户时代固有的政治理念，武士应由农民供养，商人被视为必然的恶，没有获得正当评价。但实际上因为货币经济发展，商人阶级的重要性开始提升。因此，商人伦理的确立成为必要。梅岩的学说正是回应这种需要，他教育商人要以领悟本性作为经商的基础，明确自己的定位，舍弃利己心，勤俭节约，为世人作出贡献。这种态度扭转了商人在社会中的形象。

在社会层面与个体层面为人们提供生活指南的是贝原益轩。他出身福冈藩士，作为儒者从事社会活动，但到晚年七十余岁时创作了《大和本草》(1709)，成为本草学的集大成者，他同时创作了《养生训》(1713)，提倡养生的长生术，还创作了《和俗童子训》(1701)，讨论儿童教育问题。作为性别歧视典型而臭名昭著的《女大学》正是基于《和俗童子训》的女子教育部分而创作的。

从神道方面回应世俗化时代的是增穗残口。据说他原是日莲宗僧人，却颇为有趣怪异地讲解与印度（佛）、中国（儒）不同的日本人生活方式，作为"俗神道家"颇受追捧。他把男女基于阴阳和合成为一体的理论当作日本自古以来的观念，提倡男女平等，提出以男女之爱为根本的独特神道说。由于他的著作《艳道通鉴》(1715)被人们当作艳书来读，他的说法经常遭到误解。他的观点与本居宣长的"物哀"论中重视男女之情的观点相通，都与天皇论的发展方向不同，属于独具特色的日本式创见。

3. 学问与生活

语言、文献、思想

从古代、中世开始，以何种方式阅读汉籍，对日本人来说是个大问题，因此，训读的方法得以发展。训读不是翻译作为外国语的中国语，而是试图照原样把中国语读作日本语的荒诞行径。不过，不仅日本，朝鲜也开辟出类似的方法。这可以说是把古典中国语（文言文）变成通用书面语的东亚文化现象。也有人巧妙利用训读的文言文和日本语的隔阂，发展出独特的思想，例如中世的亲鸾和道元。到了近世，当有必要重新把儒教典籍当作圣典来解读时，人们又开拓出不同于中世佛典和博士家训读的新训读法。但是一直以来，训读方法本身没有受到质疑。

首先对训读这一方法本身提出异议的是荻生徂徕。徂徕把自己的学问方法整理成《学则》(1727)，在第一部分就指出了训读的问题。徂徕认为，训读无视语言差异，无助于正确理解原文意义，因此，必须抛开训读，直接阅读中文原文。今日看来，这是合理的主张，但在当时是极为新颖的说法，给思想界带来巨大冲击。

本居宣长在很大程度上受到了他的影响。日本的古代文献《古事记》《万叶集》由万叶假名和独特的和风汉文写成，其读法的确定不得不依赖于对古日本语语法的正确理解。在这方面，已有契冲以降的深厚国学积累，以富士谷成章为代表的自觉的语法研究也开展起来。宣长的《古事记传》序论部分有相当篇幅在处理语言问题。宣长的学问首先是作为文献学受到赞誉的，因为他遵循了如此周密的学问章法。

徂徕和宣长遵循颇为严密的章法，试图从文献中汲取古代的思想。以此来解读既有的文献，确实使理解文献的意旨取得跨越式进展。但也滋生出新的问题，也即，把文献的内容原封不动当作圣人的教诲与古代的事实，就无法与文献保持距离，进行批判性阅读。针对这一问题，大阪町人出身的年轻天才学者富永仲基提出了划时代的方法。仲基提出作为思想发展法则的"加上"之说。一个思想试图超越先前思想而提出新说，思想依次层累叠加，得以发展。他的现存著作《出定后语》（1745）将此理论应用于佛教经典，主张大乘经典是后代在释迦之说的基础上"加上"而成的。这完全颠覆了佛教经典全部出自释迦说法的佛教常识，引起了后来的纷争，成为近代佛教学视域下"大乘非佛说"的先驱。

从科学到哲学

在江户时代出现了不拘泥于权威与常识，大胆进行自由独创的思想家。仲基的学说可以说是纯粹的人文科学，而江户时代还积累了自然科学成果。日本在研究中国传入的学问方面取得了巨大进展，同时还引进了源自荷兰的兰学。和算的吉田光由，天文、历法的涉川春海、高桥至时，本草的贝原益轩、小野兰山，地理学的伊能忠敬等人闻名于世。特别是在医学领域，回归古典的同时又采用独特方法的古方派尤为兴盛，山胁东洋等人声名远播。不过，兰学又摆脱了古方派的局限性，脱颖而出。杉田玄白等人苦心孤诣从荷兰语翻译而成的解剖学著作《解体新书》（1774）极大地震动了思想界。

在新自然科学传入的背景下，不受限于既成流派，完全自由地独立思考的思想家频出。富永仲基即为其一，他出身于大阪商人创立的学问所怀德堂。怀德堂由豪商出资，为迎接儒者三宅石庵而创设（1724），后来获得将军德川吉宗的官方认可而得以发展。

思想家山片蟠桃也出身于怀德堂。他以大阪钱铺掌柜的身份施展才能，也为整顿仙台藩的财政尽心尽力。作为如此有才能的商人，他在五十岁开始写作《梦之代》，并于去世前一年（1802）完成。此书从天文、地理、神话、历史出发，甚至涉及政治问题与佛教批判，堪称百科全书。其基本立场是彻底的理性主义，除了采用地动说以外，在神话问题上还批评宣长等人，认为不文字时代以前的传承不可讨论，另外还主张无鬼说，否定死后灵魂的存在。他确立了可以称为唯物论的独特哲学体系，似乎与法国百科全书派的启蒙主义者有共通之处。在近世，因为中村惕斋的《训蒙图汇》（1666）、寺岛良安的《和汉三才图会》（1712）等百科事典式的大著出版，与世界万物有关的知识为相当广泛的阶层所共有。

作为这一时代的独立原创的思想家，三浦梅园不容忽视。梅园终其一生都是丰后国一村庄的医生，一辈子专心于以《玄语》为首的创作。他的著作中有许多环形图（图15），时至今日也无法被充分理解，不过，其根本态度是反对佛教和儒对自然的主观阐释，主张舍弃先入为主的观念，探求自然的客观规律，或可称

第八章 思想的百花齐放——江户中期

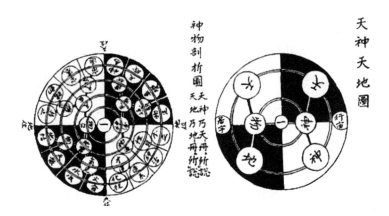

图 15 三浦梅园《玄语》中的环形图

其为基于科学视角的自然哲学。其理论核心是"反观合一",也即,把基于阴阳说的二项对立要素当作全体之"一",某种程度上可以与黑格尔的辩证法相提并论。由此可见,在江户时代,不拘泥于自古以来的传统流派的自由思想逐渐产生。它们也可以被视为在成熟社会产生的具有本土化色彩的近代思想,今日有重新予以探讨和评价的必要。

农的思想

都市型的町人思想易于受到关注,但在江户时代武士社会的原本理念中,农人在士农工商中的定位很高,因为武士依存于农人。不过现实是,年贡负担累加于农民以供养武士,农民的生活非常艰难。随着新田的开发和生产力的提高,甚至从农民之中也成长起具有一定经济基础的统治阶层人士。不过,农民本身很少有表达诉求的机会。

在此背景下,十七世纪宫崎安贞的活动颇令人瞩目。安贞原本是出身于广岛藩的武士,仕任福冈藩,但非常关心农业,他一边自己从事农耕,一边尽全力指导农民。他的著作《农业全书》(1697)虽然以明代的《农政全书》为基础,但他从农耕技术开始详细介绍了各种农产品,奠定了以后农学的基础。

以农为基础构建独创思想的是安藤昌益。昌益出身秋田八户,在以医生为业的同时,著成《自然真营道》《统道真传》等著作,提出以农为本的世界观,他还揭露现实中农民因灾害和饥荒陷入的悲惨状况,推动了人们对理想社会的思考。昌益以五行说为基础来说明世界的生成变化,认为从天地(昌益表记为"转定")到人伦、禽兽草木,有一以贯之的活泼泼的运转。他称这种本来的运转为"直耕"。照字面解释就是直接的农耕活动,但是,"直耕"不仅表现人类的活动,还表现世界全体生命的本来面貌。昌益还将人伦纳入考虑。与近世很多思想家构建身份秩序完全相反,昌益否定人类社会的阶级差别,把所有人平等从事"直耕"的社会视为理想社会。昌益的农本主义因此走向了社会主义的人类平等论,这在日本颇为罕见。昌益去世后,他的弟子们持续活动,但那些过于超前的思想最终被埋没,直到近代才被重新发现。

相比昌益,十九世纪前半叶的二宫尊德则提出了更加稳健的、现实的农业思想。尊德出身于小田原藩的农家,但一生勤勉,致力于重建因计划农业而没落的农家,并竭尽全力复兴小田原藩治下的各地农村。尊德虽然区别自然的法则("天理")与人类的作为("人道"),但他强调二者协调的必要性。他主张神佛儒三者并重,并以舍弃私利私欲、勤勉劳作为理想,这一报德思想在近代被转化为扎根地方的保守主义意识形态,各地的小学都树立起了二宫金次郎(尊德的幼名)的像。

农民对苛刻的赋税忍无可忍,发动起义对抗领主,最终发展成幕府末年翻天覆地的大起义。农民起义的故事被创作成物语流传于世,尤其是像佐仓惣五郎之类的人物,变成传说,颇受民众喜爱。

第九章 国家主义之路
——江户后期

1. 国难与王权

幕府的苦恼与朝廷

虽然幕府希望通过宽政改革收紧开支,但幕府的体制已经破绽百出,难以修缮。水野忠邦实行的天保改革(1841—1843)效法宽政改革,致力于肃正纲纪、紧缩财政,但无法取得充分成果。国内社会矛盾激化,海外则先有俄罗斯船只驶入日本,后有美国、英国、法国等国的船只频频出没,要求日本开国。内外忧患之际,海防如何保障,锁国体制是否还能维持,这些重大问题仅靠墨守成规是无法应对的。至十九世纪中叶,清朝在鸦片战争中败于英国,缔结了屈辱的《南京条约》,此事也给日本带来巨大冲击,加深了日本的危机感。外交大权本来应由幕府独掌,但幕

第九章　国家主义之路——江户后期

府已经难以独立应对时局，不得不征询朝廷的意见。同时，大名们各持己见，幕府也不得不顾及大名的态度，其权力逐渐削弱。

朝廷方面，以光格天皇为始，强化天皇意志、复兴各式礼仪、重建皇家御所的复古势头高涨。尤其值得注意的是，光格去世后被冠以"天皇"之号，称为"光格天皇"，这也获得了幕府的承认（1841）。最后一位被称作"天皇"的是村上天皇（967），此后不再正式附加天皇谥号，而像后桃园院那样附加院号则成为惯例。院号不仅用于天皇，还广泛用于戒名，从这一点看，天皇并未被特别对待。但由于天皇号的复活，天皇开始被视为与其他公家、武家不能相提并论的特别存在。光格与继位的仁孝天皇在泉涌寺建立佛教形式的石塔祭祀，但到了孝明天皇，则采用御陵（后月轮东山陵）祭祀的形式，尽管御陵也在泉涌寺所属领地内。明治天皇以后也沿袭了建造独立御陵的祭祀方式，由此逐渐形成了以天皇为特别存在并予以特殊待遇的趋势。

佩里（Matthew Calbraith Perry）来航事件（1853）使事态发展到无法拖延的地步，此前一直态度暧昧的幕府不得不缔结《日美亲善条约》（1854），日本的政策朝开国的方向转舵。无论公家还是武家，其内部都展开了开国派和攘夷派的斗争，局势一发不可收拾。因"安政大狱"（1858—1859）和"樱田门之变"（1860），二者的对立愈发不可调和。即便如此，幕府与朝廷的核心成员勉强采取了公武合力克服困难的现实主义方针，其象征是和宫公主下嫁将军德川家茂（1862）。但是，公家中的攘夷派与长州藩联合起来，采取激进政策，最终导致政局从"奉还大政"发展到"复古王政"的一系列雪崩式变革（1867）。

国体的探索

尊王攘夷的观念究竟是如何确立的？这是日本思想史中的重大问题。虽然天皇的权威至高无上，尊王主义思潮随处可见，但并不足以触发讨幕运动。正相反，直到幕府末期，主流思想始终认为幕府的职责就是保护皇国。日本人自江户初期开始关注皇统的一贯性，将其视为日本优越性的体现。另外的一个现实问题是，朝廷并不是实权机构，因此大多思想家都持有"大政委任"观点，认为天皇委任幕府执政，而幕府自身并没有存在的根据，这是其致命的弱点，并最终导致其意外的崩溃。

例如，幕府末年的畅销书赖山阳的《日本外史》（1827）从平氏起笔，以德川氏为终，酣畅淋漓地盛赞武士时代。这本书似乎因袭了新井白石的《读史余论》。全书最后以"呜呼！是其所以长有天下，以基今日之盛业也欤！"这样以对德川的赞美之辞结语。

第九章 国家主义之路——江户后期

山阳的立场看似明了,但实际非常复杂。山阳自始至终都立足于朝廷中心立场,赞美楠木正成,批判足利氏。山阳在对足利义满的相关批评中,也明确批判了白石。因此按照他的逻辑,若幕府不能守护朝廷,就没有存在的意义,内中隐含了走向讨幕论的可能性。虽然日本的朝廷没有经历像中国那样改朝换代的"易姓革命",但守护朝廷的武士政权则有兴亡。

后期水户学派的学者会泽安(正志斋)也在同时期写就《新论》(1825),划时代地首次正面提出"国体"问题。他认为,治理国家的"天胤"源自于"天",臣民不能颠覆国家,而应坚守君臣之义,这是"国体"的根本。这种理论绝不会提倡狂热的尊王论,而是自始至终极尽说理,冷静分析。《新论》首先结合儒教式的"天"和"天祖",充分利用儒教的普遍性伦理观,并在第二章以下部分分析当时的世界局势,探讨应当如何应对国家危机。他认为,以长久计,日本不能只图一时的防御,有必要积极对外出击,同时也要教化夷狄,确立正确的秩序。会泽安也作为礼的研究者闻名于世,他的书中重视礼制的确立,其核心是祭祀死者的祭礼。他批判日本儒教不谙生死问题,这是与平田笃胤的复古神道相通的时代课题。

《新论》并未否定幕府,但也认为维持国家运转的主体不必一定是幕府。该书指出,确立正确的秩序最为重要,不仅要贯彻于日本国内，也要积极向世界输出，方能克服国难，建立以日本为中心的万国秩序。这难道不就是明治时代的日本帝国想要实现的图景吗？会泽安确实有洞察未来世界局势的远见。

变革的思想

赖山阳和会泽安都对幕府末期的有志之士产生了重大影响，但是他们自身并未采取实际行动，因为他们原本就没有否定德川幕府建立的秩序。然而，到了天保时期，日本正值内忧外患，国内饥馑不断，屡屡发生起义。在此背景下，阳明学者大盐中斋（平八郎）的暴动撼动了幕府的统治（1837）。大盐原本是大坂町奉行所的捕快，因揭发基督徒而受到提拔。但是，他不忍坐视民众忍受饥馑贫穷之苦，率众发动起义。（图16）尽管庶民苦不堪言，大阪的富人却奢靡无度。为了强

图16 因大盐平八郎起义而起火的大坂（出自《出潮引汐奸贼闻集记》）

调起义的正当性，大盐的檄文以《论语》《大学》的文句"四海困穷，天禄永终，小人治国，灾害并至"为始，严厉批评幕府的不作为。

不同于朱子学重视"理"，阳明学认为"心即理"，重视心性，提倡知行合一。大盐也在其作《洗心洞札记》中表明"天者吾心也"，但此时，他把"心"理解为"虚"。正因为"心与太虚原一物"，"心"才没有幽闭于自我当中，而是与万物相通。大盐并未采用居高临下的统治阶级逻辑，而是与穷困的庶民产生心灵共鸣，这是因为澄澈了这样的"虚心"。中国的阳明学原本未必推崇社会实践，但也有像李贽那样猛烈批判当时的儒教和学者，最后死于狱中的人。相比之下，日本的阳明学屡屡采取过激手段，甚至发展到恐怖主义行动，大盐则是其先驱。倒幕志士吉田松阴也是对李贽的《焚书》大加赞赏的人之一。此外，松阴也读过《洗心洞札记》。

松阴在松下村塾培养了高杉晋作等长州藩的讨幕志士，以此闻名。他曾企图秘密前往海外，屡次谋杀幕府重臣，采取极端行动，最终因牵连进"安政大狱"被处斩首（1859）。松阴还是一位著名的饱学之士，他学养深厚，涉猎广泛，除了阳明学与水户学，他还对包括日本国学在内的很多学问都有研究。松阴在野山狱中向狱友讲解《孟子》，著成《讲孟余话》，他在该书中展开了《孟子》这一古典文献与自己的现实抱负之间充满紧张感的对话。他认为，与中国不同，日本天皇（日嗣）始终不变，而由天皇任命的征夷大将军只有尽职尽责才能配位（《梁惠王下》），从而认可了讨幕的合理性。松下村塾接受武士以外的町人入学，摒弃强调身份差别的等级制度，高杉晋作在编订骑兵队等作战部队时也采用了这种做法，这与既往只有武士参与的政权建构方式完全不同，并因此备受关注。

2. 神道的活跃

复古神道与草莽国学

每当我们反思近世的思想是如何走上理性化、近代化道路的时候，平田笃胤都是一个棘手的存在。本居宣长确立了与近代学术相通的实证性文献学方法，而平田再度回归到非理性的信仰世界，逆历史潮流而动，后人因此对他予以较低评价。但实际上，笃胤及其门下倡导的复古神道在明治维新中发挥了重大作用，这一点毋庸置疑。与以往一般说法不同，江户中期世俗化推进，宗教世界看似淡出历史舞台，但这其实不过是一时假象，在幕府末年，宗教势力再度活跃。

笃胤对此有自觉的认识。他的首部正式著作是《鬼神心论》（1805年完成），书中重新批判了白石《鬼神论》中对鬼神的否认，主张鬼神的存在。鬼神既指死者的灵魂，也指天地的神。本居宣长认为，人死后只会去往污秽的黄泉，这是一件悲哀而无可奈何之事，因此他放弃追问死后的世界（《玉匣》）。笃胤则认为，身后之事才是必须首先解决的根本问题。在江户初期，佛教主张三世因果，与儒教对峙，但如今神道重新提出了死后灵魂的问题。不久之后，这种灵魂论发展为神葬祭运动，主张采用神道形式的葬礼仪式。在儒教方面，正如会泽安所强调的，如何祭祀死者的灵魂也成为重大问题。如第五章所述，从幕府末期开始出现创建祭祀忠臣楠木正成灵魂的神社的运动，不久进入明治时代后，祭祀楠木正成的凑川神社创建（1872）。这一运动影响了后世，人们开始创建祭祀维新功臣的神社和靖国神社。

笃胤的死者论认为，死者最终去往地下的黄泉国，但并未断绝与此世的联系，死者的灵魂留于此世，与生者维持关系，有着显明与幽冥一体化的特征（《灵能真柱》）。这种灵魂观被平田派继承，因为接近庶民的感受，成为使复古神道在民间扎根的巨大推动力。笃胤的理论是大国主主宰的幽冥世界与皇孙主宰的显明世界相互依存的二元论，与幕府末期以一元化的天照大神—天皇为基础的尊王攘夷论并不完全相同。

笃胤的门生在民间草根阶层具有广泛的影响力。例如笃胤的弟子之一六人部是香，出生于京都郊外向日舍神官之家的他认为，出云大国主统治下的产须那神（产土）掌管各地民众的一切生死大事（《产须那社古传抄》）。这种学说为诸多地方神社的存在赋予了意义。

到幕府末期，平田派的神道家们一气倒向尊王攘夷论。正如岛崎藤村在《黎明之前》所生动描绘的那样，平田派的运动牢牢抓住了农村地主阶级的心，他们成为了支持维新运动的草根基础。进入近代以后，这一派又转变为草根阶层的具有保守性格的民族主义。

进入维新政府核心的主流思想是津和野藩的国学和神道，在藩主龟井兹监的统领下，藩校养老馆培养了西周、森鸥外等名人。养老馆中教导神道的是大国隆正，他是笃胤的学生，同时也提出了独特的主张。相比此前重视幽冥世界的平田派，他以显明的世界为重心，并认为，即便与西方相比，日本也是最优越的国家。其思想根据是从"宝祚无穷"（或"天壤无穷"）的神敕到天皇的一脉相承的联系（《本学举要》），影响了明治时代神道理论

第九章 国家主义之路——江户后期

基本思想的形成。

庶民的信仰

时间追溯到江户时代的元和、宽永时期，在江户的佐久间家中，有一位叫作竹的婢女。她信心深厚，顺从慈悲。此时，在武藏国有一位叫作乘莲的行者想要拜谒大日如来的生身，在他到达羽黑山后，大日如来托梦于他，命他去江户礼拜一位叫作竹的人。于是，他找到了佐久间家，并对竹作礼拜。竹被人们称作竹大日（《于竹大日如来缘起》）。后来，人们在羽黑山建造了祭祀竹的祠堂，在江户时代经常举办出开帐法事。这则逸话以修行的行者为媒介，把江户的町民与羽黑山的信仰联结在一起。由于江户时代和平稳定，交通设施完善，参诣结社灵地的活动在民间盛行。这既是信仰活动，也是娱乐活动。他们的指导者被称为"御师"，起到弘扬信仰的作用。除了伊势，灵地还与富士、羽黑等山岳信仰、山岳修行有紧密关系。

在江户，富士山信仰兴盛，葛饰北斋的《富岳百景》组画非常有名。一般认为，富士山信仰始于江户初期的角行藤佛，到了江户中期，由于食行身禄的横空出世，这一信仰骤然扩张。食行在江户卖油的同时，推广富士山信仰，最终在富士山中绝食而亡

(1733)。即使是如此苦行的山岳修行者，他的学说也与世俗生活密切关联，从而得到了江户町民的支持。通过幕府末期的小谷三志的发展，这一学说体系演变为宣说日常伦理的"不二道"，信众广泛。在西日本，巡礼"四国八十八个所"的活动也颇为盛行。

在天明饥馑之时，数万人围绕着京都的御所祈祷，举行"千度参"（1787），这是庶民自发的信仰行为。此时光格天皇在位，朝廷要求幕府救济穷困者。天皇表现出超越意识形态的超凡魅力。伊势的"御荫参"也是民众自发兴起的，但其传播范围非常广泛。与其他的旅行不同，伊势参拜不仅不能被父母和主人阻止，还会在途中受到优待，因此往往以集体参拜的形式进行。在幕府末期，包括伊势神宫在内的各个神社都发生了神谕降临的事件，引发了一系列的大骚乱（1867）。幕府无力再控制局面，其统治濒临终结，社会大改革的时机已经成熟。安政大地震（1855）之后，大量出现的鲶鱼绘也反映了这样的时代特征。

与这种自发的大众狂欢不同，到了明治时代，出现了被当作教派神道的各种各样的宗教运动。中山みき创始的天理教颇具代表性。みき是地主之妻，为抚平丧失长子之痛，她接受山伏（僧侣）的祈祷，正在此时，她突然被神附体（1838）。此后，天神"天理王命"总是借みき之口传达神谕,みき将其记录成文,名为《おふでさき》。文中提出了消除社会不平等、遵从神的教诲、充满活力地生活等庶民容易接受的教说,信仰者逐渐增加。中山家的宅地被神圣化为"地阳"。由于幕府的管制松懈,这样的宗教得以成长,但到了明治时代,政府管控再次趋紧,みき被关进监狱,受尽折磨。

佛教徒的应对

江户后期反佛言论激烈,但佛教并非无动于衷。佛教徒积极宣传佛教教义,开展活动。其一就是普门圆通发起的梵历运动。明末清初的游子六(游艺)所撰《天经或问》于江户中期出版,介绍了西方的天文学,并普及了地动说。山片蟠桃业已采用地动说,到江户后期,司马江汉推而广之。在此背景下,普门圆通积极宣传佛典中的须弥山世界观。如第三章所释,须弥山位于世界中心,周遭围绕着七重海与山脉,在外海有四大陆,人类居于其中的南阎浮提。圆通在《佛果历象编》中详细阐释须弥山世界说,同时还制作了精巧的须弥山仪(图17),以抗衡地球仪。因此,这并不只是愚昧和守旧的粗糙理论,而是在摄取科学知识的基础上提出的与之竞争的严肃学说,其思想意义如今应当得到重新评价。

图17 须弥山仪

佛教界的另一动向是出现了积极参与尊王攘夷运动的僧人。在作为尊王攘夷运动中心的长州，真宗的西本愿寺系（本愿寺派）势力强大，月性等勤皇僧以长州为中心开展活动，给吉田松阴等人带来重大影响。在本愿寺派中发生了史称"三业惑乱"的论争（1801—1806），本山学林（新义派）的功存认为众生在得救前须以身口意三业归依佛，安芸门徒（古义派）则斥之为自力主义，最终依据寺社奉行的裁定，功存的说法被判为邪说。真宗的他力主义立场自此确立。

与此同时，在幕府末期，真俗二谛说取得进展，倡导真谛（宗教世界、佛法）与俗谛（世俗世界、王法）相协调的必要性。这一观念可以追溯至莲如。对佛教来说，作为俗谛的国家稳定也是不可或缺的，从而催生了月性等人的活动。月性将护国与护法一体化，产生重大影响。

受到月性的影响，大洲铁然组织了真武队和护国团，以武力对抗幕府的统治，对维新的成功起到重要作用。明治初期，长州是政府的中心，长州出身的本愿寺派僧人铁然与赤松连城、岛地默雷等人推进宗门改革，同时保持与政府的密切接触，具有左右国家宗教政策的能力。因此，谈及维新初期的宗教政策，不能忽视神道界与本愿寺派的动向。

3. 追求转换

成熟的江户文化

在江户时代，出版业繁荣，寺子屋等教育机构逐渐推广识字教育。因此到了江户中后期，以书籍为媒介的文字文化得以普及。生计略有富余的庶民追求各种娱乐，书籍出版也相应地大众化。无力购买高价书籍的庶民会利用借书店，这促使了借书业的兴盛。戏剧、浮世绘等大众娱乐也人气高涨，瓦版则应付了想要获取信息的庶民。这可以说是走在了如今信息社会、大众文化社会的前面。

文化的中心从京都、大阪逐渐转移到江户，在出版界，江户的从业者也凌驾于京都、大阪之上。迅速壮大江户出版业的传奇从业者是茑屋重三郎。在田沼时代的自由氛围下，浮世绘的喜多川歌麿与东洲斋写乐、黄表纸的山东京传、狂歌的大田南亩（四方赤良）大力赞美江户文化的繁荣。然而，宽政改革对此予以了沉重打击。宽政改革正面提倡节俭和儒教伦理，严厉取缔出版，还禁止政治批判和色情文学，甚至判处山东京传以手锁之罚（1791），以儆效尤。其后，尽管出版管制政策一直延续，但是被称为"化政文化"（即文化和文政时期，1804—1829）的江户后期文化达到了繁荣的顶点。诸如泷泽马琴的《南总里见八犬传》（1814—1842）、柳亭重彦的《修紫田舍源氏》（1829—1842）之类的长篇小说广受好评。十返舍一九的《东海道中膝栗毛》（1802—1814）也是这一时代的代表作品。弥次、喜多的旅行物语也备受喜爱，这种毫无章法的物语却精彩刻画了风俗习惯，受到称誉。

江户文化可以用"いき"（粹）、"いなせ"与"すい"（粹）三个词语代表。它们是粗鄙（"野暮"）的反面，其特征是大城市人的讲究、潇洒、豪爽，同时兼具耿直仗义。这样的气质与其说来自商人阶层，不如说来自工匠阶层，屡屡被美化为行侠仗义之举。由历代的市川团十郎演绎的《助六》中的花川户助六（有时是曾我五郎）是"粹"的代表，他的恋人扬卷作为吉源的花魁也表现出与京都、大阪不同的气质。在公共政治、社会批判寸步难行的背景下，歌舞伎作品逐渐开始毫不留情地描绘社会的阴暗面。在鹤屋南北的《东海道四谷怪谈》（1825）中，阿岩受尽欺压而变成女鬼前来复仇，她与冷酷的反派民谷伊右衙门之间紧张的

第九章 国家主义之路——江户后期

对话,超越了单纯的劝善惩恶。到了幕府末期,像河竹默阿弥的《三人吉三廓初买》(1860)这类以盗贼为主人公的"白浪物"反映出不安和保守的世态,也颇具人气。

放眼海外

德国人西博尔德(Philipp Franz Balthasar von Siebold)假冒荷兰商馆的医生入境日本(1823),次年获准在出岛之外开设鸣泷塾,开始教授真正的西方医学,培养出高野长英等弟子。他随同商馆的馆长一道去江户参府,会见了江户的兰学者,这一经历对他有很大影响。但是,他在归国时携带了禁止出境的日本地图,被日本当局发现,从而酿成"西博尔德事件"(1828)。事发后,向西博尔德提供地图的幕府天文方高桥景保入狱并死于狱中。

暂且不论西博尔德是否有间谍任务,但通过他归国后出版的综合百科全书《日本》可知,他在日期间收集了关于日本的所有领域的资料。其中有鸣泷塾的弟子和画家川原庆贺等人的协助。此前,作为商馆随行医生赴日的德国人肯普费的《日本志》是关于日本的最大信息源,但有不少讹误之处。肯普费的著作以科学家的眼光冷静整理了庞大的资料并加以叙述,从地理、自然、植物到历史、文化,为西方带来了高度准确的信息。除了日本本土，还包含了虾夷、南千岛、桦太、朝鲜、琉球等周边地区的相关信息。

以西博尔德赴日为契机，日本的西医水平大幅提升，许多医生在绪方洪庵开设的适塾（1838年创建）学习。不仅是个别学科，在关于西方世界的正确知识不断积累的情况下，日本的危机感也与日俱增，出现了一批对幕府的政策提出建议或加以批评的学者。成为其核心人物的是渡边华山和高野长英，但他们遭到了幕府的压制，史称"蛮社之狱"（1839）。"蛮社之狱"发端于"莫里森号事件"（1837）。美国船只莫里森号搭载着他们搭救的遭遇海难的日本人出现在蒲贺冲，日本方面却基于《异国船驱逐令》加以炮击，迫使其撤退。华山与长英分别写作《慎机论》与《戊戌梦物语》批评幕府的做法，遭幕府囚禁。华山等人的确把握了西方的历史和现状，他认识到，面对咄咄逼人的西方势力，仅靠维持锁国政策无济于事。但是，是否应该通过开国来解决问题呢？设若我们身处当时，也未必能清楚地预见未来。幕府一方也在暗中摸索，并终于开始迎接佩里的来航船只。

近代国家的设计蓝图

在宽政改革中从林家分离的昌平坂学问所迎请尾藤二洲任

第九章 国家主义之路——江户后期

教,并准许各藩的藩士前来学习,一时人才济济。(图18)尤其是在佐藤一斋任教之时,他的学问视野广阔,不仅治朱子学,也兼治阳明学,从而培养了许多如佐久间象山、渡边华山、横井小楠等活跃于幕末

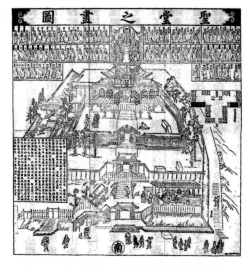

图18 汤岛圣堂(右下方可见昌平坂学问所)

维新时期的门徒。象山是信州松代藩士,其藩主真田幸贯兼任幕府老中,负责海防事务,因此象山在研究鸦片战争之后的世界局势的同时,还学习了荷兰语,并开始教授西方兵学和炮术。滕海舟、吉田松阴、坂本龙马等维新的核心人物也从学于象山。由于受吉田松阴偷渡事件牵连,象山被捕,但他晚年成为了幕府的智囊,主张公武合体,推进开国政策,因此遭到尊王攘夷派的暗杀(1864)。提到象山,我们就会想到他的名言——"东洋道德、西方艺术"(《省誉录》)。这并非简单地将道德和艺术(科学技术)两个不同事物进行生硬的拼接,而是在贯彻朱子学的儒

教根本精神的同时，摄取古代圣人无从知晓的新科学，展现出灵活的态度。

象山并未明确构画一个未来社会的理想状态，正面处理这一问题的是横井小楠。小楠出身熊本藩，后被福井藩主松平春岳招募。春岳在担任幕府的政事总裁之时，小楠作为智囊向他献计献策。小楠隐退熊本后，又响应明治新政府的邀请重返政坛（1868），次年被暗杀于京都。小楠在福井藩主麾下之时整理了《国是三论》（1860），其内容由富国论、强兵论、士道三论构成，其根本观点认为，只闭锁于日本的"我"，无法适应于国际社会，因此应当遵循万国共通的"公共之道"。此前一说到"公"，就只关乎幕府，而如今开始探讨面向世界开放的"公共之道"。"大政奉还"后，小楠向春岳建言尽快创建议事院，以网罗天下人才（1867）。小楠虽然立足于朱子学，但他迅速把目光转向与尊王攘夷运动不同的方向，成为引领日本近代化的先驱。

幕府末期，日本打开国门并陆续向欧美派遣使节团。在以新见正兴为正使的万延元年遣美使节团（1860）中，日本船只咸临丸由美国舰队护航，滕海舟和年轻的福泽谕吉同船而行。在紧随其后的文久遣欧使节团（1861）中，福地源一郎与福泽谕吉等人同行。另外，日本还派遣了使节团参加巴黎万博会（1867）。西

第九章 国家主义之路——江户后期

周等人受幕府之命留学荷兰（1862），以此为始，长州藩的伊藤博文、井上馨等五人（长州五杰）也前往英国留学（1863），一批批留学生陆续启程。学习了欧美新知识的青年们，在回国后的政权嬗变中发挥了重要作用，近代日本由此催生。

IV

世界中的日本(近代)
19—20世纪

第十章　日本的近代的形成
——明治时代

1. 国体的形成

明治维新的精神

"维新"一词原本出自《诗经·大雅·文王》("周虽旧邦，其命维新")，由于藤田东湖的使用而为日本人所知。"明治维新"一词多见于明治三十年代之后，最初使用的词是"御一新"。"维新"是"自此变新"的意思，英译为微妙的 restoration，恐怕加入了"王政复古"的含义。"王政复古"的大号令（1867）是在德川庆喜奉还大政之后，仅凭岩仓具视的呈报，未经正式会议讨论就颁布的一项奇策，宣称"诸事应按神武创业之始"。"王政复古"的部分举措，例如恢复设置神祇官被认为是回归了律令体制，但究其根本，其回归的并非律令制，而是更早的"神武创业"。但是，何为

"神武创业"的本来面目，无人知晓。也就是说，所谓"神武创业"完全是当时的虚构，"明治维新"并没有所谓的样板。与其说确定了什么方针，不如说正如同"御一新"一词所示，维新运动就好比是乐队的即兴演奏，完全是从零开始的自由发挥，最初并没有明确的方针。

维新运动原本是在尊王攘夷派的领导下获得成功的，但如前一章所述，该运动的另一支重要力量是放眼海外的开明派，二者的角力推动了维新运动的开展。"五条御誓文"（1868）所体现的维新运动的根本方针，基本上反映的是开明派的主张。其第一条"广兴会议，万机决于公论"非常著名，第四条"破除旧有之陋习，一本天地之公道"表现出"天地公道"的共同价值。儒教意义上的"天理"自此被置换为普遍意义上的"公道"。"五条御誓文"以神前起誓的形式表达对公家和尊王攘夷派的尊重，但由于首都实际已迁至东京（1869），公家的力量有所削弱。在"大传统"中作为公家"有职故实"文化核心的天皇，转变成了"中传统"中作为中央集权核心的绝对君主。

即使在尊王攘夷派内部，萨长（萨摩藩和长州藩）的军事势力、儒教主义者、复古神道家的看法也不尽相同。尽管人们心知肚明"攘夷"是不现实的一厢情愿，但尊攘派作为日本至上主义、自尊主义的代表,仍然维系着强大势力。开明主义与自尊主义的对立几乎出现于近代的世界各地,甚至延续至现当代。开明主义是在与他国的关系平衡中寻求本国定位的一种相对主义态度,与此不同,自尊主义则把本国的价值观绝对化,无视利害而盲目冒进。从明治到大正时代,开明派走到幕前,推进新国家的建设,在幕后积蓄力量的自尊派则很快就会在昭和时代登上历史舞台。

制定宪法与《教育敕语》

开明派的目标是修改不平等条约,与欧美平起平坐,因此日本必须证明自己是不落后于欧美的成熟的近代文明国家。日本政府在西南战争(1877)中消灭了极端自尊派,镇压自由民权运动,其掌权者变成了维新运动的第二代领导人伊藤博文,经过了以井上馨为先驱的鹿鸣馆的欧化主义时代(1883—1887),《大日本帝国宪法》(1889)终于得以制定。(图19)由此,日本作为君主立宪国家,暂且建立了近代国家的体制,向修改不平等条约迈出关键一步。

宪法篇首的天皇条目体现出明治宪法的核心。其中,第一条表明了"大日本帝国,由万世一系之天皇统治之"的根本特征。备受关注的是,这一条赋予天皇以"万世一系"的特性。即便合

图 19　大日本帝国宪法正式颁布之图

情合理，但宪法本身的根据并不是"万世一系"，而是神话。正如伊藤博文著名的官方解释书《宪法义解》所释，宪法的依据出自《日本书纪》中"天壤无穷"的神敕（皇孙降临之际，天照大神敕语："瑞穗国是吾子孙可王之地"）。与西方的王权神授说不同，日本王权的特征是，宪法的最大依据在于宪法外部的神话，从而限定了宪法所及的范围。宪法第二条是"皇位，依皇宗典范之规定，由皇族男系子孙继承之"，可见，"皇室典范"这样宪法力量所不及的外部规定也是其根据。

第三条"天皇神圣不可侵犯"借鉴了作为蓝本的德意志宪法中的"不对政治表态"的原则。不过，《义解》也以《古事记》为此条的根据，也即，天皇"属臣民及万物之上之存在"。天皇超越了政治的责任范围，具有不容一切批评议论的神圣性。到第四条的"天皇为国家元首，总揽统治权，依本宪法规定实行之"才终于提到天皇的统治权乃是基于宪法。这一条成为了美浓部达吉等人提出的"天皇机关说"的根据。但在第一到第三条中,天皇制的基石不在宪法规定的范围之内,这样看来,宪法规定说到底不过只是天皇制的一部分,其预设的前提就是天皇是超越于宪法的存在。

由于天皇的超越性顾及了自尊派的尊王主义,从而巧妙地结合了开明派和自尊派的主张。但这是一个危险的平衡,很快就趋于瓦解,在自尊派的推动下,帝国开始走向崩坏。

宪法颁布翌年,《教育敕语》颁布,以对宪法进行外部补充。井上毅等人为了不与宗教信仰自由相抵触而予以慎重考虑,采取了天皇号召"臣民"的道德训诫形式。《教育敕语》在内容上以儒教的道德条目为主,形成了结合在家之孝与对天皇之忠的结构。也即,在家父长制家庭伦理的延长线上,赋予国家位置,天皇被理解为国家之中如父亲般的存在。如"庶几朕与尔臣民,俱拳拳服膺,咸一其德"所示,天皇与臣民需要一同谨守德行。这种家父长的特性对考察明治国家的性质来说非常重要。

从民权运动到大逆事件

《教育敕语》颁布的同年(1890),日本首次选举众议院议员,召开第一次帝国议会。回首过去,在1874年,板垣退助等人首次递交开设民选议会的建议书（《民撰议院设立建白书》），自此掀起了自由民权运动的风潮。运动最初虽然有愤愤不平的士族出气的一面，但逐渐向各地草根阶级偏移。政府在1881年约定将于十年后开设国会，主张尽早开设国会的大隈重信下台（明治十四年政变）。同年，以板垣退助为党首的自由党成立。翌年，以大隈为党首的立宪改进党成立。但是，政府坚决镇压民权运动，推行以自上而下的方式制订宪法、开设议会。

　　自由民权运动理论家植木枝盛闻名于世，但真正深化理论的是中江兆民。中江兆民的《三醉人经纶问答》（1887）以洋学绅士、豪杰君、南海先生三人座谈的形式展开。洋学绅士主张源自西方的自由民权，声称弱小国家日本不应使用武力，而应以自由、平等、博爱的理想为武器与强国交涉。豪杰君则反映出自尊主义的倾向，他主张强化军备，以武力向海外扩张。南海先生扮演了调和二者的角色。由于中江兆民曾留学法国，倾心于卢梭的民权论，他通过洋学博士表达自己的思想。不过，中江兆民并不指望他的理想能在短期内实现，尽管道路曲折，他期待着民权主义能在日本最终实现。他的遗著《一年有半》（1901）、《续一年有半》（1901）挑明了"我们日本从古至今一直没有哲学"，试图独创一种具有唯物论色彩的理性主义哲学。

第十章 日本的近代的形成——明治时代

国家基本体制完善后，日本走上帝国主义道路，在中日甲午战争（1894—1995）与日俄战争（1904—1905）中取得胜利，势力大增。这并非政府的一意孤行，而是在民族主义的大旗下受到全体国民狂热支持的行动。日本就是在此基础上，走上了对朝鲜半岛与中国进行殖民统治的道路。但是，急速的近代化与帝国主义化滋生了不良社会影响，诸如贫困与阶级差距等重大问题，社会主义思潮在此背景下应运而生。同时，针对日俄战争，人们也对战争的扩大化产生疑虑。基督教徒内村鉴三与社会主义者堺利彦、幸德秋水等人高举反战旗帜。他们最初以《万朝报》为据点，但该报倒向了开战论，因此堺利彦与幸德秋水等人兴办平民社（1903），发行《平民新闻》，主张反战思想与社会主义。

政府方面对此严厉镇压，最终由于"大逆事件"（1910），反政府的社会主义运动瓦解。除了幸德秋水等社会主义者、无政府主义者，大石诚之助等基督徒，以及内山愚童等佛教徒也被牵连进"大逆事件"。这种彻底的言论镇压给知识分子以巨大冲击，迎来了"冬之时代"。另一方面，在帝国议会上，南北朝正闰论也成为议题，最终南朝成为正统（1911），从而明确了一元化的"国体"方向。

2. 国体与神佛

神道国教化的方向

"御一新"不单是政治层面的问题，在日本全国范围内拥有组织的复古神道系活动家们也出了大力。他们以实现古代的祭政一致体制为目标，复活神祇官，将其与太政官并列（1869），津和野藩主龟井兹监成为神祇官副知事，福羽美静等人的津和野派掌握实权。《大教宣布诏》（1870）在确立祭政一致的同时，明确由宣教使负责传教。然而，福羽竭力完善的宫中祭祀刚告一段落，神祇官就被并入太政官管辖下的神祇省（1871），之后进一步被撤销。宫中祭祀由宫内厅式部寮负责，宣教的任务也变成由教部省负责（1872）。

在教部省设置一事上，反对只优待神道一方的佛教予以强力推动，长州出身的真宗本愿寺派僧人岛地默雷是其核心代表。在教部省中，东京设大教院，地方设中教院、小教院，宣教使一职由教导取代，不仅神官，佛教僧侣也可以担任，负责教化国民。教化的内容有"敬神爱国、天理人道、皇上奉戴"三条教则。从继承当初设立宣教使的精神来看，这是理所当然的，但对佛教一方来说，他们无法接受这些带有神道教色彩的教则。此番又以岛地为中心，真宗系的诸派脱离教部省（1875），此举导致教部省也不得不解体（1877）。最终结果是终止了神道国教化政策，宪法明确规定宗教信仰自由。但是，认为神道仪式是国家祭祀而非宗教的"神道非宗教论"将神道安置于信教自由的框架之外，国民礼拜被视为理所当然的义务。

不过，为了考察明治时期的神佛关系，有必要重新审视维新初期的神佛分离政策。"神佛分离令"（神佛判然令，1866）不是某个特定的法令，而是一组政府布告和通知的总称，其基本意图是要排除神社中的佛教因素，如禁止社僧以僧人装扮在神社工作，禁止祭祀本地佛，废止权现和牛头天王等佛教神号。法令视"神佛习合"为不纯粹的混乱状态，并以回归混乱状态以前的"纯粹"的神道教（毋容置疑这是一种臆想）为目标。针对佛教一方，法令除了认为法华宗（日莲宗）把神名加入曼荼罗大有问题之外，并没有其他强硬要求。不过，法令不承认神佛习合色彩强烈的修验宗是一种独立的宗教，因此责令其选择归属于神道或者佛教。

以神佛分离为契机，民间发动的"废佛毁释"运动，以及后来没收寺院领地的"上地令"（1871）、许可僧侣肉食带妻等法令（1872），动摇了佛教界，特别是对真言、天台等显密系的佛教带来巨大打击，不过对净土真宗系影响较小。真宗原本很少有神佛习合元素，相比土地收入，他们更多依存与门徒的寺檀关系，因此受"上地令"影响很小。并且，肉食带妻在真宗中本来就是理所当然的。长州的真宗与尊攘运动关系密切，与新政也有紧密关系，岛地默雷的主张因此能顺利地体现到政府的政策当中。亲鸾在明治初期获得政府授予的"见真大师"称号（1876）也是基于这一原因。应该指出，岛地有关宗教信仰自由的论证，其部分观点与国家神道类似，且早于后者。他认为宗教关乎内心，非国家和政治所能介入，因此宗教信仰自由，而神道教尊崇的是皇室祖先，因此神道教并非宗教。可见他主张神道非宗教论。这的确是后来国家神道所采用的逻辑。

家父长制国家与神佛

如前所述，在"大传统"的结构中，王权与神佛是相互对立且互补的二极，在二极之间存在丰富多彩的文化现象和民众生活。神佛内部形成了佛与神的多层结构，王权内部也在中世以后形成了朝廷与幕府的多层结构。虽然这样复杂的多层结构有低效之处，但能在张力之间取得平衡，形成长期稳定的体系（参照第一章图1—3）。然而，"御一新"彻底打破了这一结构，企图建立天皇一元化的中央集权体制。这是与"大传统"完全不同的全新精神结构，本书称其为"中传统"。在紧迫的世界局势中，这使得迅速统一国家意志并采取当机立断的行动成为可能。但是，这个体制没有刹车功能，一旦起动就会一直加速，直至毁灭，这一结构诞生之初就已包含这种危险。

这种近代日本的精神结构，从最初的不断摸索到逐渐优化，于1890年前后完成了基本形态。从法律制度完善的方面来说，除了宪法与《教育敕语》，《皇室典范》和《民法》也很重要。像《皇室典范义解》中"皇室乃自条定其家法者"所言，《皇室典范》(1889)是皇室的家族之法。第一条"大日本国皇位依据祖宗皇统，由男系之男子继承"，明文规定男系皇嗣的继承权，皇位继承应以家父长制为原则。前文指出，《教育敕语》把天皇视为家父长制国家的父亲，这一点也在皇室制度中明确下来。

这样一来，国民个体的家庭也必须立足于同样的原则。对其进行规定的是《民法》。《民法》原本是法国人博瓦索纳德（Gustave Boissonade）等人以法国民法为蓝本起草的法案（1890），个人主义色彩强烈，与日本的家族制度不相吻合。穗积八束等人创作《民法出而忠孝亡》进行激烈反对，《民法》从而被全面修订（1896、1898）。修订后的《民法》设置了户主的继承权，男、嫡出子、年长者优先。继承不是单纯的财产问题，继承者继承的是家父长的义务与权限，成为一家的户主。以国民各自家父长制的家为原型，加以扩大，从而确立天皇作为家父长的国家。与家父长同家族成员的关系一样，天皇之于国民亦具恩威。

家由先祖代代继承，因此家父长在继承家的同时，也背负了向下一代传递的职责。祭拜代代继承家业的祖先是应尽的义务。幕府末期的水户学和神道也很重视祖先祭祀。这与无法看到的世界（冥、幽冥）秩序相关联。因此，神道教被定位为祭拜皇室祖先的祭祀。在民间则由佛教担当祖先祭祀的职能，基本上以佛教形式维护象征祖先的墓和牌位。在近世，佛教不再具有国家宗教的地位，但即便饱受神佛分离等运动的打击，佛教仍然没有衰落，其中的重要原因在于佛教通过（自"国家佛教"）转化为"葬式佛教"（操办各种与死亡相关的宗教仪式）的方式重新获得了在民间存活的基础。

以上结构如图4所示。近代日本的精神结构，外表（显、显明）呈现为面向世界的近代君主立宪国家，而支撑它的底层结构是《教育敕语》的道德观；在内部（冥、幽冥），则由神道教与佛教分别承担国家（皇室）与国民各自之家的祖先祭祀。这样的四肢结构形成了替代"大传统"的"中传统"基础结构。

第十章 日本的近代的形成——明治时代

对基督教的接纳与佛教界的革新

明治维新初期，日本政府仍然继续禁止基督教，后来迫于欧美各国的压力，不得不废除禁教令（1873），默许基督教的传播。欧美传教士来日，以知识阶级为中心在日本传教，森有礼、中村正直等开明的留学生也受洗入教。与曾经的天主教时代不同，此时成为核心的是新教。信众中的名人有札幌的内村鉴三、新渡户稻造，横滨的植村正久，熊本的海老名弹正等人。他们多是武士出身，具备儒教素养，又在此基础上接受了基督教，因此具有将强烈的伦理观与使命感、爱国心结合在一起的特征。内村尤为典型，他提出要献身两个J（Jesus和Japan），并拒绝外国传教士的指导，立足于独特的无教会主义立场，积极举行传教活动和社会宣传活动。

《教育敕语》颁布翌年，内村成为第一高等中学校的教员，但由于他拒绝向《教育敕语》敬礼，受到谴责，被迫辞职。《敕语衍义》的著者井上哲次郎就此事批判基督教（1892），此后，许多论者也加入批判行列，展开了"教育与宗教的冲突"的论争。井上批判基督教把出世间的神视为绝对，轻视国家，违背忠孝伦理。对此，基督教一方予以反驳，但由于无法直接批判《教育敕语》本身，他们在论战中陷入被动。内村本人此后也在足尾矿毒事件、反对日俄战争等场合发表言论，并积极参与"再临运动"，宣扬基督将于大正时代再度降临。

佛教一方如何应对？一方面，佛教原本贴近国家政策，更偏向于反基督教的自尊主义立场。另一方面，以岛地默雷等人随行岩仓使节团渡欧为开端，佛教界很早就开始向欧美派遣留学生，学习欧美学术，因此对时代动向非常敏锐。以释宗演为首的日本佛教徒还参加了在美国芝加哥举办的世界宗教大会（1893）。并且，井上圆了的《真理金针》（1886—1887）为批判基督教，论证佛教优越性，采用了新的哲学与科学思想。受基督教影响的境野黄洋、高岛米峰等人非常关心社会性问题，结成佛教清徒同志会（1899年结成，后来改称新佛教徒同志会），刊行杂志《新佛教》（1900年创刊），发起"新佛教运动"，对社会问题展开辩论。另外，真宗大谷派的清泽满之在浩浩洞与弟子们同住，刊行《精神界》（1901年创刊），发起"精神主义运动"，以向内深化宗教体验为目标，这与"新佛教"派的社会取向不同。根据清泽满之的学说，易于被当作前近代的迷信而遭到否定的阿弥陀信仰，被重新阐释为绝对无限者与有限者的关系，这对以后佛教的"再解释"产生了重大影响。但是，这样一种具有新思想和新学问色彩的佛教，作为佛教的上层建筑，在依存于作为经济基础的"葬式佛教"

的同时,又与后者脱节,对此视而不见,遗留了新的问题。

3. 启蒙与国粹

从启蒙到国粹与苦闷

留学欧美并接触西方思想的第一代日本人惊诧于欧美发达的文化,绞尽脑汁想着如何将其输入日本。虽然也有通过参政直接运转国家的路径,但只有自上而下的制度设计,并不能实现日本的近代化,因为国民精神的近代化最为重要。通过言论而开展的启蒙运动自此趋于活跃。在"御一新"的重大变革方向几近明朗的阶段,日本政府公布了新学制(1872),开展初等与中等教育,并开设师范学校培养教员。

国民也做好了接受新思想的准备。同年,福泽谕吉《劝学篇》初编出版,其卷首的名句"天不生人上之人,也不生人下之人"使该书随即成为风靡全国的畅销书。书中基于四民平等、男女平等的立场,宣传人们能通过学习知晓事物的原理,纠正自己的过错,一国也由此繁荣昌盛。这些思想成为给人们带来希望的指南。在集结了津田真道、西周、森有礼、加藤弘之、福泽谕吉等早期启蒙思想家的明六社,其社刊《明六杂志》(1874—1875)广泛探讨了从民选议会到男女夫妇，以及如何接受近代思想等各式各样的议题。

明治时代的第一个十年，随着自由民权之风的呼啸，政府极力推进鹿鸣馆的欧化主义政策，但在明治二十年代宪法制定前后的全面反思过程中，又生发出新的动向。一方面，德富苏峰批判从上层开始的近代化，主张平民主义，设立民友社，创刊《国民之友》（1887）。另一方面，对欧化主义的批判演变成政教社的国粹主义主张，杂志《日本人》创刊（1888），三宅雪岭、志贺重昂等人活跃于此。所谓"国粹主义"并非后来单纯的"自尊主义"，而是采取了开明主义的立场以改革和重新审视日本文化，或可称其为"国粹保存主义"。陆羯南创办的报纸《日本》（1889年创刊）具有相同倾向，汇集了长谷川如是闲、正冈子规等人，但后来被政教社吸收，成为《日本及日本人》（1907）。冈仓天心创办的美术杂志《国华》（1889年创刊）和活跃着高山樗牛等人的博文馆《太阳》（1895年创刊）也有相近的倾向。

但是，到了明治三十年代，此前聚焦于国家和社会的目光，逐渐开始转向于个人内心。日本人急于实现外部的近代化，却忘却了对个体存在方式的反思。其象征是第一高等学校学生藤村操在日光华严瀑布投水自杀的事件（1903）。这一事件极大地震撼了青年的心灵,"烦闷"这一关键词从此开始流行。在此前后,因为结核病而直面死亡的思想家们深入宗教的思索,这也被称为主观主义时代。在这一时代,除了创立"精神主义"的清泽满之,还可以看到从日本主义转向个人主义,并进而皈依了日莲信仰的高山樗牛等人。尤其是纲岛梁川在《余之见神实验》中讲述了与神合一的体验(1905),引起了舆论界的臧否两论。明治末期的西田几多郎和夏目漱石深化了这种动向。

从雇佣外国人到留学归来

明治时代,日本政府立即着手创办新的高等教育机构。奠定其基础的是幕府创办的昌平坂学问所,政府将其与医学校、讲授洋学的开成学校合并为大学校(1869),作为本校的昌平坂学问所(昌平学校)其后关闭(1871),再后来,东京医学校与东京开成学校正式合并为东京大学(1877),其下设置法、文、理、医各学部,由加藤弘之担任整合之后的校长(总理)(1881)。原本占据学术中心地位的传统儒学和国学被压缩到文学部的和汉文学科,西方传来的学问则占据更大范围。后来,日本政府又颁布了《帝国大学令》,根据该法令,东京大学成为东京帝国大学(1886),之后又开设了京都(1897)等帝国大学,帝国大学制度逐渐完善。

《帝国大学令》第一条"帝国大学应国家须要，教授学术技艺"表现出对"国家须要"之学的追求。另一方面，对私立大学的资格认可则迟到了数十年（1920），福泽谕吉的庆应义塾、大隈重信的东京专门学校（后来的早稻田大学）、井上圆了的哲学馆（后来的东洋大学）等学校，都是基于各自的理念而创设。

在大学的草创期，与政府机关相同，欧美学者作为雇佣的外国人被聘用，成为学校的师资基础。与哲学有关的是费诺罗萨（Ernest Francisco Fenollosa），他传入了黑格尔哲学，同时也发现了日本美术的价值，并协助冈仓天心创设东京美术学校（后来的东京艺术大学）。教授德国哲学的开培尔（Raphael von Koeber）以其广博的教养和高贵的人格，培养了许多引领未来日本的知识分子。小泉八云（Lafcadio Hearn）则教授英文。

施教人员逐渐从雇佣的外国人转变成留学归国的日本人。成为哲学教授的是井上哲次郎。井上原本是东洋哲学的助理教授，从德国留学归国后成为教授，教授西方哲学。虽然在《敕语衍义》和"教育与宗教的冲突"论争中，他作为御用学者没有获得好名声，但是他的才学充分展现于日本儒学的三部著作中，也即《日本阳明学派之哲学》（1900）、《日本古学派之哲学》（1902）、《日本朱子学派之哲学》（1905）。国文学继承了国学传统，由于芳贺矢一从德国留学归国并传入文献学,近代的学术形态得以建立。

文学家的抵抗

一般认为,近代文学始于坪内逍遥的理论书《小说神髓》(1885—1886),但是二叶亭四迷的《浮云》(1887—1889)才是第一部实质的作品。其中的主人公文三是被政府机关革职的失败者,他爱慕的阿势却投入成功者本田的怀抱。这个故事聚焦于那些徒有知识分子之名但在现实中无能为力的失败者。这确实是烦闷青年的肖像,与夏目漱石的《高等游民》有相通之处。

官员和记者、学者、实业家等成功者有效利用当时高等教育和留学的成果,作为国家有为的人才沐浴荣光。小说家也是高级知识分子,逍遥作为英文学者在早稻田教书,四迷则是俄罗斯文学的专家。在这一点上,小说家与此前的戏剧作者大相径庭。然而,他们站在失败者的立场,试图挖掘出成功者无法看到的近代化的另一面。

日本硬着头皮走上富国强兵的道路,虽然姑且算是加入了一流国家,但这样就万事大吉了吗?只追求外在利益不会感到空虚吗?这是主观主义时代的思想家们追问的内心问题,文学家则更贴近现实地将其描绘出来。石川啄木的短歌引起广泛共鸣，歌中壮志难酬屡屡受挫的心境触动了那些被践踏于少数精英背后的人们，因此大受欢迎。啄木亲近社会主义是必然的。

岛崎藤村的《破戒》（1906）被视为自然主义文学的标志性作品。此后的自然主义逃避到郁闷封闭的私人世界当中，但《破戒》并非如此，反而针对部落民歧视这一重大社会问题，正面追问一个敢于直面问题的青年可能会做出什么选择。就像故事中的活动家猪子莲太郎那样，主人公濑川丑松即便堂堂正正表明自己的出身，也无法战胜部落民歧视。[1]虽说如此，但隐藏出身也是无济于事的。丑松做出了像罪人一样将出身广而告之，移居德克萨斯的选择。虽然这一选择看似败北、逃避，却探索出不得已而为之的"烦闷"的第三条道路，这是文学中独有的问题。到大正时代才开始建立全国水平社，以消除歧视（1922）。

不管是《浮云》还是《破戒》都描绘了男主人公不知如何面对女性的巨大烦恼。与此前的色恋不同，恋爱是从欧美输入的新

---

[1] 小说中，濑川丑松想要像他崇拜的活动家猪子莲太郎那样堂堂正正表明自己的部落民出身，但是，学校不允许部落民出身的人在校教书，因此丑松内心非常矛盾。莲太郎最终被政敌杀害，丑松受到这件事的刺激，选择在课堂上公布自己的出身，并移居美国。——译者注

生活方式，文学家们也百般迷惑、踌躇不定地接近这一新事物。高扬恋爱的是诗人北村透谷。他在评论《厌世诗家与女性》(1892) 中赞美"恋爱是人世的秘轮"，给社会带来重大影响。藤村也在诗集《若菜集》(1897) 中讴歌纯真的恋爱。以文艺杂志《明星》为据点的与谢野晶子在歌集《乱发》(1901) 中从女性视角歌颂热烈的性爱，强烈冲击世人。但是，正如《浮云》和尾崎红叶《金色夜叉》(1897—1902) 所描述的，女性对男性的私心期待常常被辜负。对性别问题的反思也必须等到下一个时代。

第十一章　战争与思想
——大正、昭和前期

1. 从民主到全民战争

大正民主

幸德秋水因为"大逆事件"而被处刑的第二年，余波尚未平息，明治天皇病情恶化，不久辞世（1912）。大葬当日，陆军大将乃木希典夫妇为追随明治天皇，自刃殉节，消息传开，满城风雨。这是始自明治维新的大变革时代的终结，是一个让当时的人们意识到自己的时代业已落幕的重大事件。夏目漱石的作品《心》（1914）中的"先生"在知道乃木殉节之后也决定自杀。森鸥外也陆续发表《与津弥五右卫门的遗书》（1912）、《阿部一族》（1913）。《阿部一族》中，阿部弥一右卫门没有获准殉死，最终仍然切腹，却导致灭族的残酷讽刺故事，渲染了对乃木殉节的复杂情绪。森

第十一章 战争与思想——大正、昭和前期

鸥外在"大逆事件"之际发表了《仿佛》(『かのやうに』),讽刺作为国体基础的神话不是事实却胜似事实,人们不得不接受"仿佛"真实的神话,表现出虚无主义的倾向。书中传达了虽然身为高级官僚,却无法完全信任体制并试图坚守良心的知识分子的苦恼。

在人们的印象中,大正时代是战争消停、民主进展、普选制(1925)得以实现的明朗时代。确实,吉野作造领导的民本主义运动获得广泛支持,护宪运动如火如荼。"民本主义"是democracy的译语,与主张主权在民的"民主主义"不同,"民本主义"并不关注主权问题,只要政治遵从"人民的意向","为了人民",就是好的政治(1916)。在彰显天皇主权的《明治宪法》中,这是具有可行性的现实选择,实际上,此外也没有其他道路可选。不容忽视的是,"民本主义"点燃的星星之火不久将于"二战"后燎原。但在时代的大潮流中,开明派只是被自尊派吞没的奔流中溅起的小小浪花而已。

二十世纪前半叶,世界局势发生重大转折。在亚洲,中国爆发辛亥革命,清朝灭亡(1911)。革命推翻了帝制,但日本政府对此并无多少危机感,而在自尊主义的右翼派别中,宫崎滔天、头山满等"亚洲主义"者各怀心思,对革命予以支持。孙文的大亚

洲主义演讲（1924）试图以亚洲的道德优越性对抗西洋，这一观点却被日本帝国主义所利用。日本接连侵占台湾（1895）、南库页岛（1905），随后大韩帝国沦为其殖民地（1910）。在欧洲，第一次世界大战（1914—1918）动摇了人们一直以来培育的对近代化的信念，在此期间，俄国十月革命创造了史上首个社会主义国家（1917）。欧洲的危机横亘眼前，日本对亚洲的侵略也愈发猖狂。

从马克思主义转向超国家主义

社会主义者在"大逆事件"中被一网打尽，社会主义运动退潮。然而，工业发展导致人口向都市集中，劳动条件恶化、劳动者贫困、农村凋敝，因此爆发了大规模的粮米骚动（1918）。河上肇的《贫困物语》（1916—1917）一时洛阳纸贵，关于工会的争论此起彼伏。社会主义、无政府主义者大杉荣在关东大地震的混乱中惨遭杀害（1923），在《治安维持法》（1925）的淫威下，日本共产党转入地下活动，愈发活跃。日本共产党以俄国革命与其后的苏维埃联邦为蓝本，在共产国际领导的国际共运中创建了组织。他们高举科学社会主义旗帜，宣传革命的历史必然性，与此前的社会主义者泾渭分明。学生和年轻知识分子对共产党的主张多有共鸣。野吕荣太郎等围绕着《日本资本主义发达史讲座》

(1932—1933)形成的讲座派认为,日本仍处于君主专制主义历史阶段,首先应该发动资产阶级革命,其后才能推进到社会主义革命,即所谓"二阶段革命说"。因为这一说法与共产国际发布的"三二年纲领"相一致,他们成为左翼主流,与主张直接进行社会主义革命的劳农派对立。但由于政府的镇压愈发强烈,佐野学与锅岛贞亲放弃了自己的政治主张(1933),其后,其他成员也相继转向,讲座派几近溃灭。

进入三十年代,"九一八事变"(1931)之后,日本陷入侵略战争的泥沼。石原莞尔参与策划了作为日本傀儡的伪满州国(1932),他是妄图与美国进行世界终极大战的日莲主义[1]者(《世界最终战论》,1940)。日本国内则接连发生了"血盟团事件"(1932)、"五一五事件"(1932)、"二二六事件"(1936)等恐怖主义事件和叛乱。这些叛乱分子受到北一辉、大川周明、井上日召等所谓"超国家主义者"的理论的引导[2],他们的行动使

---

[1] 日莲,日本日莲宗的创立者。该宗派宗派性强烈,好论辩。明治时期,日莲宗的这一特性演变为具有国家主义色彩的日莲主义,为日本的对外侵略服务。——编者注

[2] 超国家主义,与日本法西斯主义同义。首次用这一概念分析日本现代思想史的是丸山真男。超国家主义者打着社会主义的旗号,行法西斯主义之实。1919年,北一辉与大川周明成立法西斯团体犹存社。井上昭,日本恐怖组织血盟团盟主。——编者注

以军部为首的法西斯势力逐步发展壮大。他们主张，为解决以贫困为首的社会矛盾，必须剪除腐败的政治家和资本家。他们以建立天皇亲政的"一君万民"的新国家为目标，屡屡鼓吹"昭和维新"。

其理论指导者北一辉早在《国体论及纯正社会主义》（1906）中就批判了明治宪法的国体论，并基于进化论提出以社会主义国家为理想的学说。该书因此被禁止发行。此后，他参与中国革命。1919年，他在上海写成《国家改造案原理大纲》，后来以《日本改造法案大纲》[1]为标题出版（1923）。该书以拥戴天皇、废除宪法、改造国家、达成自由平等的理想为目标，受到皇道派军人的信奉。北一辉因此被视为"二二六事件"的思想元凶，遭到处决。在同时期的德国，纳粹党窃取政权，其正式名称也是"民族社会主义德国工人党"，标榜国家社会主义。苏联日益强大，影响愈增，在此背景下，与之抗衡的日本、德国法西斯主义势力同样标榜社会正义却行专制之实。在日本，皇道派虽然篡权未果，但他们的活动强化了天皇至高无上的绝对性。

---

[1] 此书提出了一套日本法西斯化的设想。——编者注

第十一章 战争与思想——大正、昭和前期

国体与"大东亚共荣圈"

美浓部达吉基于开明派立场解释宪法的"天皇机关说"[1]体现于《宪法讲话》(1912),以西方君主立宪制的常识来看,这是妥当的解释。天皇的大权受宪法制约,必须由国务大臣辅佐,天皇"不对政治表态"的原则由此成立。但《宪法义解》中的"天皇神圣不可侵犯"又为天皇不遵守"不对政治表态"的原则提供了可能。条文之间有模棱两可之处。特别是在军方势力不断增强的背景下,发生了围绕天皇最高军事指挥权(统帅权)的争论,即所谓"干预、侵犯统帅权问题"(1930)。在这样的时势下,"天皇机关说"被诉诸国会讨论,首相冈田启介两度发表"国体明征"声明,以"天皇机关说"与国体相悖为由,对其予以反对(1935)。蓑田胸喜则以右翼杂志《原理日本》为据点顽固地攻击美浓部达吉与津田左右吉等众多学者,开启了钳制言论的道路。

昭和时代的国体论由此确立,并汇集于文部省编纂的《国体的本义》(1937)一书中。在其中,天皇已经不是受宪法约束的国家元首,而是"遵皇祖皇宗之御心统治我国的现御神",也即凌驾于法律之上的现人神。这样就使宪法中天皇"不对政治表态"

---

[1] "天皇机关说"即以天皇为名义元首的主张。——译者注

的制约条款无法发挥作用，遑论臣下向超越宪法的天皇追责。既然如此，谁来背负责任？如果作为神的天皇不能将责任转嫁于辅佐者，天皇就只能自己承担责任。此前并非没有对此进行充分讨论，但天皇本人的战争责任是超出法律范围的问题，也许只能算作神学问题，如雅斯贝尔斯所言"形而上学之罪"吧（雅斯贝尔斯《德国的战争罪责问题》）。

日本对中国的侵略战火蔓延，1937年，近卫文麿成为首相，但不久，因卢沟桥事变，日本发动了全面侵华战争。近卫智囊团尾崎秀实、蜡山政道、三木清等人的"昭和研究会"炮制出所谓"东亚共同体"的理念，把亚洲"觉醒"标榜为战争大义。尾崎秀实为了避免全面战争爆发，与苏联间谍佐尔格（Richard Sorge）进行了合作，最终在佐尔格事件中被逮捕（1941）。日本发动对美英的战争（1941）。在此局势下，日本通过宣扬所谓"大东亚共荣圈"，粉饰战争，妄图将日本侵占的中国、朝鲜半岛、东南亚，以及印度等国都纳入其中，实现所谓"共存共荣"。日本主导的"大东亚会议"（1943）通过《大东亚共同宣言》，号召亚洲各国反抗美英的侵略和剥削。一些日本学者，如印度学泰斗高楠顺次郎和具有印度、伊斯兰文化圈视野的大川周明等人也开展了配合日本侵略意识形态的研究。

2. 受难与合作

生命主义与神秘主义

一提到大正时代的思想，人们往往会想到人格主义与教养主义，二者使作为民主基础的个体得以确立。这是明治后期主观主义时代的延续，白桦派和阿部次郎的《三太郎的日记》（1914—1918）是其代表。人格主义摆脱了此前宗教形式的人性观，以及家父长制家庭的束缚，旨在遵循内在的良心以确立个体。通常认为，开培尔和夏目漱石对此影响颇巨。夏目漱石在演讲《我的个人主义》（1915）中诉说了个人主义扎根于日本所面临的困难。

但是近年来，有人指出隐于人格主义背后的生命主义的重要性。这种观点认为，不能把世界和人类当作机械的物理法则，而应视其为生生不息的有机体的统合。应从内在生命论出发，重视人类的性爱与恋爱等生命本能，即使谈到社会和宇宙全体，也应将其视作有机体的生命活动。这种观点盛行于十九世纪末的欧美，显著体现于亨利·路易斯·伯格森（Henri-Louis Bergson）和威廉·詹姆士（William James）等人的哲学思想中。在日本，从哲学界的西田几多郎等人，到自然主义、白桦派，以及北原白秋、斋藤茂吉、荻原朔太郎、宫泽贤治等文学家，都有广义的生命主义倾向。

这是因为新知识阶层既不满于传统的宗教形式的非理性解释，又不能断然接受机械论式的自然科学的说法。爱因斯坦（Albert Einstein）的相对论挑战了牛顿的机械论式的物理学，揭示宇宙的奥秘，唤起了人们的好奇，他的访日之旅（1922）受到日本人的热烈欢迎。

与此相关，在十九世纪的欧美，出于对机械论式的科学主义和理性主义的叛逆，人们对超自然现象与心灵等神秘现象（occult）抱有浓厚兴趣。其影响也波及日本，东京帝国大学心理学助理教授福来友吉宣称，他成功完成了通灵者透视的实验，后因骗局被揭穿而被迫辞职（1919）。神秘主义流行时期，最受关注的是布拉瓦茨基夫人（Helena Petrovna Blavatsky）与奥尔考特上校（Henry Steel Olcott）联手成立的神智学协会（1875）。该协会活动地域广泛，甚至包含亚洲。布拉瓦茨基因为灵异能力骗局被揭穿而垮台，奥尔考特则皈依佛教并努力传教，斯里兰卡的佛教复兴者法护（Anagārika Dharmapāla）也从学于他。奥尔考特和法护访问日本，与日本的佛教徒交流。将禅向世界推广的领军人物铃木大拙通过其妻子莱恩（Beatrice Lane）与神智学协会建立了联系。这种潮流可以视为广义的灵性主义，在模糊的边缘地带将科学（或者说伪科学）与宗教结合在一起。这也与二十世纪后半叶的新科学运动有关联。

第十一章 战争与思想——大正、昭和前期

社会与宗教的变化

自明治末期开始，社会矛盾扩大，社会主义运动兴盛。其中，贺川丰彦、木下尚江等基督教社会主义者的活动颇受关注，佛教界开展的"新佛教运动"也引人瞩目。受此影响，在大正时代，试图以自给自足的集体生活方式来深化信仰的共同体运动也开始盛行，例如伊藤证信的无我苑、西田天香的一灯园，后者延续至今。武者小路实笃的"新村"与有岛武郎的"农场解放"也有相近之处。他们的运动以近似于原始共产主义的理想化的集体生活为目标，宫沢贤治梦想的"理想乡"就是这样的乌托邦。他创办了"罗须地人协会"，并在《农民艺术概论纲要》（1926）中主张只有农民的现实生活才能产生真正的艺术。

另一方面，宗教人士积极向大众发声，传教活动也非常活跃。基督教徒内村鉴三、日莲主义者田中智学等人在各地巡回演讲，广获人气。广播出现（1925）并逐渐普及之后，他们也开始利用广播传教。其开拓者是友松圆谛，他兴起真理运动，推广小乘经典《阿含经》和简洁的《法句经》。当时，农村人口纷纷涌向东京等大都市，飘零无根，他们这样的新市民数量激增，新兴的大众文化也随之广泛传播。友松不拘泥于此前的宗派，而是着眼于简洁地提倡朴素生活方式的原始佛典，这体现出新佛教的面

貌。后来的中村元等人继承了这一趋势。

随着都市急速发展，农村也变了样，日本人的生活整体开始发生巨变。原本担任农商务省官僚的柳田国男对此忧心忡忡，他通过田野调查而不是靠书本，立志复原正在失落的传统生活和信仰方式。其里程碑式的巨著《远野物语》（1910）记录了佐佐木喜善提供的岩手县远野的地方传统。柳田效仿格林兄弟（Grimm）的德国民俗学方法，创立了日本民俗学，试图以此探求日本人和日本文化的根基。柳田的方法吸引了众多研究者，其中的折口信夫（释迢空）在应用其方法的同时，还结合古代文学和神道研究，开辟出独特的领域。折口通过对冲绳等地的调查研究，探索日本自古以来信仰的面貌，在来自异界的访问者"客人"（まれびと）中寻找日本的神的原型。另外，出身于白桦派的柳宗悦则在无名百姓制作的日常用具中发现了美，他兴起的民艺运动作为与民俗学相关的运动同样备受关注。

战争与宗教

在战争时期，左翼因为一直受到镇压而无法开展活动，政府有组织的镇压转而针对宗教教团。佛教一系中，妹尾义郎在新兴佛教青年同盟开展社会主义活动（1936），创价教育学会（后来的

第十一章 战争与思想——大正、昭和前期

创价学会）的牧口常三郎和户田城圣烧掉伊势神宫的神札（1943），他们均被逮捕。基督教一系中，上智大学的学生拒绝参拜靖国神社，引起社会争议（1932），致使基督教会官方认可参拜靖国神社。另外，朝鲜的长老派信徒拒绝参拜靖国神社遭到大规模镇压（1938），宣传再临思想的圣洁（Holiness）

图 20 被镇压破坏的大本本部

教会也遭镇压（1942）。在内地最大规模的镇压是针对大本教的。大本教由出身于京都绫部，自称神灵附体的主妇出口创立（1892），后来在出口王仁三郎的协助下获得重大发展。但是大本教遭到政府两次镇压（1920、1935），在第二次镇压中，有近千人被起诉，教团设施破坏殆尽。（图 20）国家为何实施如此疯狂的大镇压？出口王仁三郎的主要著作《灵界物语》（1921—1934）讲述了一个与以天照大神为中心的国体神话完全不同的奇幻故事，简言之，王仁三郎在最高神素神的指引下，救出了统治世界的国

常立。因此，日本政府如何能容忍这种动摇国家根本的宗教？同样，讲述神武天皇以前的神统谱系的竹内巨麿的《竹内文书》也遭查封。

其他基督教和佛教的派别则接受神社参拜，佛教方面的诸宗通过祈祷日本胜利的方式积极配合侵略战争。特别是当时最大的佛教宗派净土真宗，其大谷派的晓岛敏和金子大荣编造出一套天皇与阿弥陀佛一体的配合战争的说辞，成为拥护战争的核心力量。另外值得注意的是，超国家主义者们往往也是热忱的佛教徒。《原理日本》杂志社的三井甲之、蓑田胸喜等人信奉亲鸾，北一辉、石原莞尔信奉日莲已经广为人知，而皇道塾的大森一声在战后则作为大森曹玄大禅师受到推崇。自前近代的"大传统"以来，佛教一直与王权关系密切，佛教徒与政府合作或许可以说是理所当然的事情。尤其是在净土教的"他力"和禅的"无"的思想的影响下，个体自身被认为是无力的，因而丧失了批判的视角和能力，滑向了军国主义提倡的"灭私奉公"。

日本国会进行的有关国体问题的讨论否定了"天皇机关说"，天皇的现人神性不断加强，杉本五郎的《大义》（1983）是以天皇为信仰对象的典型。被称作"军神"的杉本在中国战死，其遗著《大义》在日本成为畅销书，他的生平甚至被翻拍成电影。杉本认为，天皇等于天照大神,是宇宙最高的唯一神,森罗万象皆是天皇的显现;在天皇之前应空去"我",除了如实遵从"御心"之外没有任何其他生存道路。杉本曾在临济宗佛通寺潜心参禅,他的思想与其称作"皇道禅",不如说是天皇崇拜的极致。[1]

3. 激荡中的哲学

女性的觉醒

德富芦花(苏峰之弟)的畅销小说《不如归》(1898—1899)是一出两情相悦却遭家父长制迫害的女性悲剧,女主人公浪子的台词"苦啊!苦啊!来世不要生为女人了!"引起广大女性的共鸣。浪子的婆婆虐待浪子并逼她离婚,生父温柔地接纳了伤心的女儿。这个故事挖掘出在家父长制之下,女性折磨女性的扭曲结构。

从"大逆事件"到乃木将军殉死,对老一代来说是大时代的终结,对年轻一代来说,是充满希望的起点。事实确实如此,《白桦》(1910)、《青鞜》(1911)相继创刊,兴起创造新时代的思

---

[1] 杉本五郎是日本军国主义为配合侵略战争树立的典型,其遗作《大义》被狂热的军国主义者奉为《圣经》。——编者注

潮。(图21)尽管白桦派具有出身学习院大学的公子哥们不务正业的一面,但是他们对作为家父长权力代言人的院长乃木希典的反抗,是对基于个人责任的新道德的觉醒,与人格主义与民本主义相通,反映出清晰的近代方向。

《青鞜》最初以平冢雷鸟为首,冷眼看待良家妇女与大小姐的丑闻。她们反抗被称作"贤妻良母",自称"新女性",通过打破禁忌的夸张行为获取关注。其中,"元始,女性是太阳"的宣言并不像文字上看起来那么简单,而是蕴含着平冢的参禅经验和心灵感受,与其说是理论文章,不如说是情绪饱满状态下写出的诗性文章,它的力量足以振奋那些伺机摆脱困境的女性。《青鞜》有参照易卜生(Henrik Ibsen)《玩偶之家》之处,其议题从女性独立到男女平等、自由恋爱等皆有所涉及。在伊藤野枝出任编辑之后(1915),开始深入讨论贞操、堕胎、卖淫等与女性直接相关的切实的社会议题。后来由于伊藤野枝与大杉荣同居,与神近市子等

图21 《青鞜》创刊号

人的"多角恋爱"引发纠纷，《青鞜》最终废刊（1916）。

《青鞜》废刊之后，平冢结婚生子，并在"母性保护论争"中挑战与谢野晶子（1918）。平冢认为国家有必要保护女性妊娠、分娩、育儿，与此相对，用自己的纸笔养育了多个孩子的晶子拒绝由国家保护母亲，她认为女性应当与男性一样不依赖国家而自立。女性生育问题历经战时的鼓励生育的政策，至今仍是社会热议的重大话题。此后的女性运动以追求女性参政权为中心，一时获得了国会的积极响应（1931），但随着战事激化而被悬搁。市川房枝等人采取了通过积极配合战争来争取女性地位的方针，通过"大日本妇人会"卷入了"翼赞体制"[1]。

政治抑或艺术

在大正时期，由于城市人口增加，都会型生活形成。在此背景下，竹久梦二所象征的对流行敏感、具有时尚品味的文化绽放，被称为大正浪漫、大正时髦。关东大地震（1923），把帝都化为废墟，在市长后藤新平的指挥下，帝都迅速重建，重新成为新文化中心地，潮流男女开始信步银座。被称为"冈本"的较为便

---

[1] 鼓吹或支持军国主义侵略战争的团体。——译者注

宜的文学和美术等各色全集出版，岩波文库创刊（1927），文化教养渗透到市民生活中。小津安二郎导演的电影描绘了在迫近的战争脚步声下，小市民们的小确幸生活。

通过夏目漱石和森鸥外的努力，对生存方式的探究和对艺术的探究在文学世界中合而为一，但在大正时代，二者又开始分道扬镳。白桦派从道德层面探究人生意义的特征强烈，昭和初期的无产阶级文学则将其推至极限，正面探讨政治性问题。以杂志《战旗》为据点，小林多喜二和德永直活跃于"全日本无产者艺术联盟"的时代是其高潮（1928—1931）。但是，多喜二惨遭警察杀害（1933），在政府对共产党的残酷镇压中，无产阶级文学终结。在无产阶级文学中，自然主义以来的现实主义手法越发精巧。

在抵抗文学政治化，批判单一的现实主义，宣言文学的艺术性的潮流中，诞生了谷崎润一郎、芥川龙之介、川端康成等人的优秀作品。从锐利的问题意识出发的芥川龙之介、川端康成逐渐在精神上走投无路，最终自杀，这预示了即将到来的时代。另外，文学评论也作为重要的文学类型独立出来，藏原惟人等作为理论指导者活跃于无产阶级文学一系中，而在艺术主义潮流中，小林秀雄登上舞台。

在日本共产党被查禁、战时体制越发收紧的背景下，杂志《日本浪漫派》(1935—1938)作为回归日本传统、与政治保持距离、保持艺术性的运动,唤起了以文学为心灵寄托的青年一代的共鸣。其理论领导者是保田与重郎。保田倾心于德国浪漫派,寄情于富有反近代性与浓厚美学意识的文学作品,陆续创作出《日本的桥》(1936)、《后鸟羽院》(1939)等取材于日本古典的作品。战后,保田背负了鼓吹战争意识形态的罪名,但实际上,他的评论从未鼓吹战争,反而充满了厌战情绪。保田的作品充满共鸣地描绘出日本虚幻脆弱的美,带有颓废失落的色彩。在政府蛮勇的呐喊背后,是青年们一开始就不得不为这场无望的战争赴死的荒谬现实,出于这个原因,保田成为了战争时期青年们的精神支柱。

京都学派[1]与近代的超克

即使在哲学的世界中,明治时代的结束也是一个重大转折点。西田几多郎的《善的研究》(1911)即其分水岭。西田一方面

---

[1] 京都学派是19世纪末、20世纪初以京都大学文科为中心形成的学术流派,包括京都学派东洋史学派和京都学派哲学学派。其哲学学派由西田几多郎、田边元等开辟,分为三支:西谷启治、高坂正显、高山岩男为右派,务台理作为中间派,三木清、户坂润为左派。无论左右,均与日本军政界交往深广,在一定程度上直接或间接地表示支持侵略战争。——编者注

吸收伯格森和詹姆士的西方最新哲学思潮，立足于学院派，同时又具有人生哲学的面向，思考人应当如何生活，给烦闷的青年带来巨大影响。仓田百三的《爱与认识的出发》（1921）在刊行十年后才开始广为人知。《善的研究》的基本立场是诉诸纯粹经验，可以说，纯粹经验流淌于个体意识的深层，是生命的原理。

西田从京都帝国大学助理教授（1910）升为教授，追求哲学思辨的年轻人仰慕西田，远自东京而来聚集于京都帝国大学。"西田哲学"的称呼始于经济哲学学者左右田喜一郎的论文《关于西田哲学的方法》（1928）。在此前后，西田正在向"场所"哲学转向，他退休（1928）后，进一步运用"绝对矛盾的自我同一"等独特概念深化思考。其晚年在《日本文化的问题》（1940）中发表了与国策相关的言论。

西田的后继者是田边元，但是他在《求教西田先生》（1930）一文中对西田有所批判。他根据"种的理论"，导入了在西田哲学中较为薄弱的国家和社会问题。田边悔恨将许多学生送上战场，因此在战争末期宣传"忏悔道"，并于退休后（1945）隐居轻井泽，晚年构思出"死的哲学"。

受西田熏陶的年轻学者们被称为"京都学派"。被称作"四大天王"的西谷启治、高坂正显、高山岩男、铃木成高将他们的座

第十一章　战争与思想——大正、昭和前期

谈结集成《世界史的立场与日本》(1943)一书，书中以西方中心历史的终结来论证"大东亚共荣圈"的正当性，作为鼓吹战争的意识形态在思想界产生影响。另一方面，京都学派的左派代表人物有户坂润和三木清。户坂润持马克思主义唯物论立场，与三枝博音等人结成唯物论研究会(1932)，指导反宗教斗争，并在《日本意识形态论》(1935)中批判京都学派的观念论。三木接受二十世纪二三十年代的西方哲学，参与昭和研究会[1]，并构想社会哲学理论，但是，其理论尚未完成就死于狱中(1945)。京都学派外围有在《"生"的构造》(1930)中分析日本美学结构的鬼周造，也有以跨越东西的广博学识为基础构建伦理学的和辻哲郎等人。

第一次世界大战后，以斯宾格勒《西方的没落》(1918—1922)为首，许多西方人对西方文明、近代文明产生强烈的危机感。日本对西方的反思照猫画虎，却又自诩日本或东洋文化能够超越西方的局限。不仅包括京都学派的哲学家，还包括文学家、

---

[1] 1933年成立，实为日本侵华战争罪魁祸首之一、曾三次出任首相的近卫文麿的幕僚团。大肆鼓吹建立所谓"东亚协同体论"，为日本在亚洲的侵略活动涂脂抹粉。——编者注

音乐家的座谈会"近代的超克"[1]（1943）也广受社会瞩目，但今日重新读之，会发现，其内容始终都是缺乏危机感的闲谈，这暴露出当时思想界（虽然不知是否存在这样一个"思想界"）的局限。

---

[1] 近代的超克，指近代的超越和克服。1942年7月23—24日在东京召开，参与座谈的为当时日本思想、艺术、科学领域内的代表人物。有学者认为，"近代的超克"是一个空洞的词汇，但它客观上附和了日本的侵略战争意识形态。——编者注

第十二章　和平的理想与幻想
　　——昭和后期

1. 和平与民主

战后宪法的理想与天皇

1945年，日本无条件投降，驻日盟军总司令部（GHQ）设立，麦克阿瑟（Douglas MacArthur）元帅任最高司令官。翌年，帝国议会决议并颁布《日本国宪法》。值得注意的是其《序言》中两度出现"普遍"一词。第一，关于主权在民的原则，宪法宣称其乃"人权普遍的原理"。第二，在"期望持久的和平"部分，宪法指出"任何国家都不得只顾本国而不顾他国""政治道德的法则具有普遍性"。换言之，这宣告了《战后宪法》的中心原则——主权在民与和平主义——无论何时何地都具有普遍性。

　　暂且不提《战后宪法》是否属于美国强加给日本的争论，仅从理念来说，它的特征是强调普遍性（普世性），这是与《明治宪法》最大的不同。《明治宪法》虽然设立了使日本得以成为与欧美并列的文明国家的原则，但终究还是将天皇万世一系的日本特殊性置于根本。这一贯穿日本历史的特殊性，即便转变为"中传统"，仍然试图扎根于日本的历史和传统。而《战后宪法》突兀地宣称普遍性是其根本原则，却没有进行更多的说明和探讨。普遍性原理必须适用于任何时间、任何地点，没有给历史性和特殊性留有余地。简言之，战后的"小传统"建立在与"中传统"乃至"大传统"割裂的普遍性原则之上。

然而有趣的是，《战后宪法》正文的一至八条都与天皇有关。顺着序言往下读，"天皇"一词突兀地出现，让人摸不着头脑。天皇如何与普遍性结合？而且，广为人知的第一条是"天皇是日本国的象征，是统合日本国民的象征，其地位以主权所在的全体日本国民之意志为依据"，其中，所谓"象征"是什么意思，并不明确；如何确认"国民之意志"，也未予以说明。显而易见，这些天皇条款是为了想方设法维系天皇制，匆匆忙忙替代掉《明治宪法》相关条目的产物，其痕迹昭然若彰，与其说驻日盟军总司令部将这部宪法强加给日本政府，不如说是日本政府的旧势力与驻日盟军总司令部妥协而成的产物。

第十二章 和平的理想与幻想——昭和后期

这一年元旦，天皇颁布了所谓"人间宣言"的诏书。天皇指出"现御神"只是"虚构的观念"，否定自己是神，而且，天皇的地位并非"仅仅依据神话与传说"。那么天皇制的依据是什么呢？"朕与尔等国民之间的纽带，由自始至终的信赖与敬爱结成"，天皇以此寻求与国民的信赖关系。一般认为，这与宪法第一条规定的"全体国民之意志"有关。如此而来，天皇制在"全体国民之意志"之外别无根据，其存亡取决于日本全体国民意志的动向，处于危险的境地。实际上，昭和时代结束，刚一进入平成时代，在被视为进步的知识分子之间就有人认为天皇制不久就应消亡。围绕着宪法的天皇条款，出现了护宪和改宪两派意见。为此，对触及宪法根基的"象征天皇制"的探讨举步维艰。

和平、经济、重新军备

《战后宪法》序言所传达出的理想最终体现为第九条，即日本永远放弃战争手段，不保持军备。这一条制定的目的显然是为了解除日本的武装，然而在冷战时代，连驻日盟军总司令内部也出现了应该修改宪法，重新武装日本的意见。因此，也不能说《战后宪法》全部都是战胜国出于私利强加给日本的东西。"二战"后，出于战争的惨痛经历，全世界范围内爆发了呼吁和平的运动。战后不久通过的《联合国教科文组织宪章》宣称"战争源自人心，故必须要在人的思想中构筑起保卫和平的屏障"。这一主张基于"一战"后逐渐形成的人道主义，但被持唯物论立场的马克思主义者批评为观念论。

东京审判（1948）与旧金山和会（1951）在压制反对派意见的同时，持续处理战后事宜。在此期间，东西冷战局势愈发严峻。在中国，共产党领导的中华人民共和国成立（1949）。紧接着朝鲜战争爆发（1950）。以此为契机，美国要求日本设立警察预备队（1950），警察预备队后来经由保安队，变成自卫队（1954）。由此，日本实现了重新军备，但由于牵涉宪法第九条，自卫队的性质难以定位。在国际法上，自卫队是军队，但在国内始终被定位为自卫组织。在1992年之前，日本一直不能向海外派遣自卫队，由此避免了军事介入朝鲜战争和越南战争，反而借他国战争之际的军事特需而获利不菲。然而，这无论在经济层面还是军事层面，都强化了日本对美国的依赖。在旧金山签署《对日和平条约》之际，日美双边缔结了《日美安全保障条约》，同意美军继续驻扎在日本，日本成为美军在远东部署的重要据点。1960年，日本全国范围内掀起反对修订《日美安全保障条约》的运动，但岸信介内阁以下台促成其签订。在同年签订的《日美地位协定》中，

第十二章 和平的理想与幻想——昭和后期

日本对美军初审权的放弃，坐实了日本的从属地位。冲绳返还给日本后（1972）又变成了驻日美军基地，时至今日我们也无法预见基地问题的解决。

这样的战后体制，外表装饰的是人类普遍理想，实质却是日本无论在军事还是经济层面高度依赖美国，被固化于冷战时代形成的西方阵营。保守派分场合利用"面子"和"里子"；而革新派逐渐团结在护宪主义大旗下，标榜宪法第九条的和平主义，首先考虑"面子"。但不容忽视的是，"面子"底下确实也有大众朴素的人道主义情感。

"五五年体制"的稳定

在战后的保守政治体制中先后担任首相的吉田茂、鸠山一郎、石桥湛山等人战前都是自由主义者，而到了岸信介就任首相，原来被驱逐出公职的战时官员得以复活。战后，日本政府采取了农地改革，将土地分给小自耕农，保护稻米生产等农业政策。保守政权原本以农村为基本盘，但随着人口逐渐向都市集中，市民阶层逐渐引起了政党的关注。二十世纪六十年代"安保斗争"之际，针对包围国会议事堂的示威群众，岸信介宣称，他们的喧哗只代表一小部分国民，应该聆听在银座和后乐园球场的人们的"无声之声",以此为由强行改定条约。这一事例说明,都市中不关心政治的沉默的大多数,成为了政府新的执政基础。

与此相对,革新派借战后日本共产党合法化之机,热烈欢迎德田球一等战争中或入狱或流亡的干部归来,一时间充满了似乎革命将近的狂热。但走向暴力革命的过激行为导致他们失去了广泛的支持,最后只能放弃武装斗争的路线(1955)。这一年,保守派的自由党与民主党建立联盟,合并成立自由民主党并掌权,合并左右两派的日本社会党则成为第一在野党,形成所谓"五五年体制",一直到1990年代初持续了近四十年。在冷战背景下,保守对革新、右翼对左翼、资本家对劳动者的二元对立模式固化下来,在二元平衡下,政局的稳定得以维系。在野党方面,时常分裂为共产党系与社会党系的对立,而从社会党右翼又分裂出民主社会党(民社党),其势力大为削弱,沦为保守政权的陪衬,无法执政。

在野党方面的核心支持势力是工会。日本战败后,工人运动高涨,"二一"大罢工被驻日盟军总司令部命令停止(1947),暂且平息。后来又结成日本工会总评议会(1950),支持社会党,长期作为工人运动的中心。工人运动以改善工人的劳动条件和生活稳定为首要目标。"春斗"的核心是提高工资待遇,未必反对体制。特别是与"安保斗争"同期进行的"三井三池斗争",经过激烈的斗争后最终败北，致使激进主义退潮。

　　日本共产党采取稳健的政治立场后，暴力革命派作为反共产党系的新左翼，以学生运动为中心加强势力。1960年"安保斗争"之时，共产主义者同盟领导了全日本学联，但是败北。此后，以1969年为高潮的全共斗运动气焰高涨，但由于暴力内讧反复不断，失去了支持，最终因为联合赤军的浅间山庄事件（1972），几近毁灭。新左翼脱离固化的左翼运动，针对教条化的马克思解释，导入了自由的视角。"成田斗争"与"反美军基地斗争"这一类地方运动也与新左翼系的活动家有关。相对于深陷政党对立与暴力主义的运动，新型的拒斥意识形态色彩的市民运动，如反对越南战争的运动也诞生了。又如与"水俣病事件"相关的市民运动，并没有政治色彩，而是从揭发公害、探究原因到法律斗争，再到救济被害者，一系列斗争持续不断，不屈不挠。运动中还诞生了石牟礼道子的《苦海净土》（1969）等思想深刻的作品。

2. 新政教关系

神道指令与政教分离

　　战后宗教变革始于驻日盟军总司令部的《神道指令》（1945），

其全称是《关于废除政府保障、援助、保全、监督及弘布国家神道、神社神道的文件》，在今日仍广泛使用的"国家神道"一语即由此推广。"国家神道"的定义是"与宗派神道或教派神道相区别的神道的一派，即一般知道的作为国家神道乃至神社神道，作为非宗教的国家性祭祀被分类的神道一派"。该指令正如标题所示，是把神道从国家分离出来的命令，这一点被明确表述为"本指令的目的是将宗教从国家分离"。这是美国占领政策的要点之一，因为国家神道被认为是日本发动战争的意识形态核心。

受此指令的影响，神社界一度发生巨震，但是在苇津珍彦的指导下，皇典研究所、大日本神祇会、神宫奉斋会三个组织合并，作为宗教法人结成神社本厅（1946），统领大部分神社。折口信夫等人积极评价神道教宗教法人化，但是神社本厅在其宪章（1980）中提出"祭祀的振兴与道义的昂扬"，旨在"敬神尊皇"，实际继承了战前国家神道的方针。

但是，《神道指令》虽然主张政教分离，但如其所表述的，国家神道被界定为非宗教，这样的话，将国家神道视为宗教并将其从国家分离就难免自相矛盾。其根本原因是将以西方基督教为典范的宗教概念运用到日本的神佛上，但是否适用则是个隐含的问题。质疑这一点的是津市的"地镇祭诉讼"。津市在建造体育馆之际，支付公款以神道教的形式举办地镇祭，因而被指控违反了政教分离原则。日本最高法院的判决认为，此事虽然与宗教有关，但属于社会习俗的范围，因此驳回了诉讼（1977）。但是，像反对的少数意见认为的那样，此事仍有商榷的余地。日本的宗教仪式在何种程度上与近代的宗教概念一致或者不一致的问题，是明治时代宗教概念引进日本后一直以来存在的问题。这是一个目前尚未得出明确结论，始终模棱两可，但值得进一步思考的问题。

《战后宪法》第二十条"政教分离"条款的特点，不是强调宗教信仰自由，而是严禁国家参与特定宗教活动，但并不禁止宗教参与政治。以神社本厅为中心结成的神道政治联盟（1969），其纲领明确表明"期望以神道之精神，确立日本国国政之基础"，一直积极对政治施加影响。以自民党为首的许多党派的议员参加了由神道政治联盟组织的国会议员恳谈会，内阁中也有该联盟的成员，对日本政府的政策方针施加影响。

大众的宗教与知识分子的宗教

或许，战后日本共产党的发展，容易给人带来日本宗教势力衰弱的印象，但事实并非如此，不如说战后是被称为"众神的高峰时刻"的宗教大爆发时期，因为在混乱的时局中，宗教成为了人们心灵的依靠。停战以后立刻成为热点的是北村サヨ创立的天照皇大神宫教，该教获得了"舞蹈的宗教"的美誉。还有就是制造了"玺光尊事件"的玺宇。玺光尊（长冈良子）自称是继承天皇神性的圣太子，相扑界的双叶山、围棋界的吴清源等名人也成为了他的信徒，他们举行大规模活动，导致警方介入（1947）。

战后，传统佛教教团原样保留了战时配合政府的班底。真宗大谷派的晓岛敏就是一例，他在战争期间是战时教学的主要负责人，战后又成为宗务总长，负责重建教团（1951）。日本佛教界的战争责任一直没有被追究。只有极少数团体，如日本山妙法寺的藤井日达倡导的非暴力和平运动引人关注。新兴宗教的各教团则结成新日本宗教团体联合会（新宗联），积极开展活动（1951）。

继承牧口常三郎的户田城圣把创价教育学会改名为创价学会（1946），发起称为"折伏大行进"的大游行（1951），他去世后，第三任会长池田大作继任（1960）。创价学会原本是日莲正宗的信徒团体（1991年被日莲正宗开除，二者分裂），强调现实利益并批判其他宗派，以此获得信徒。它的主要传教对象是从农村流入城市的新城市人口，相对而言，一般大众而非知识分子更容易接受其教义。创价学会的政治目标是将日莲佛法国教化，设立国立戒坛，为此他们成立了公明党并登上政坛（1960）。公明党原本以王佛冥合、政教一致为目标,但因妨碍言论出版自由的事件发酵为社会问题,他们不得不基于政教分离的原则,在继续以创价学会为基本盘的同时作为世俗政党重登政坛(1970)。进入平成时代以后,以神道政治联盟为基础的自民党与以创价学会为基础的公明党开始联合执政(1999—2009、2012)。如今的日本虽然以政教分离为原则,但仍然要依赖宗教势力运转国家。

战后,知识分子的圈子轻视此类大众宗教,对之置之不理,但继承内村鉴三的基督教的无教会派却对他们具有重大影响。以南原繁、矢内原忠雄、大冢久雄等人为代表,很多并非教徒的知识分子通过他们对新教产生了共鸣。特别是以大冢久雄为中心,韦伯的《新教伦理与资本主义精神》引起知识界的普遍关注。韦伯指出,正是新教滋生了西方特有的理性精神。无法赞同马克思主义唯物论的知识分子在韦伯的理论中寻找依据,马克思与韦伯的对比成为战后社会科学的重大讨论课题。大冢久雄在《近代化的人类的基础》(1948)中认为韦伯所说的"祛魅"正是近代精神的基础,因而日本必须祛除自古以来的宗教巫术特征。

靖国神社与广岛

靖国神社源自于祭祀戊辰战争中战死军人的招魂社(1869),

后来作为国家级的大神社被列入"别格官币社"(1879)。甲午战争和日俄战争之后，随着战死者的增加，神社供奉的"神"的数量也不断增加，特别是昭和时代的侵略战争使"神"的数量超过了二百四十六万柱。这样一来，即便作为神社，靖国神社也具有非常特殊的性质。设立该神社的目的与祭祀维新功臣们（显彰神）的那些神社有相近之处，但不同的是，前者的祭祀对象也包括战死的普通士兵。它的前身"招魂社"原来并不祭祀幕府方面的战死者，因此其标准又与中世以来的"怨亲平等"原则完全不同。又由于军队参与运营，该神社还具有军事墓地的性质，但不同的是，这里并不埋葬遗骸和遗骨。由于在故乡寺院的墓地埋藏遗骨是很普遍的习俗，因此死者在此受到二重祭祀。柳田国男的《关于先祖》(1946)在终战将近时写成，在战后出版，书中关注那些年纪轻轻没有子孙的战死者，他们虽然被祭祀于靖国神社，但无法作为先祖被祭祀，从这一危机感出发，该书讨论了将先祖作为神来祭祀的日本人的信仰。

靖国神社根据《神道指令》的政教分离政策，脱离国家护持，成为宗教法人，但是，由于战死者仍然纳入日本厚生省的档案，靖国神社在某种意义上与国家继续保持着关系。虽然屡次有人向国会提出靖国神社法案，试图让它再度恢复国家护持，但未能实

第十二章　和平的理想与幻想——昭和后期

现。由于靖国神社中还祭祀着甲级战犯（1978），日本首相和内阁成员参拜神社不仅受到日本国内，也受到中国与韩国的谴责，多次酿成外交事件。

相较于靖国神社，广岛原子弹事件遇难者的慰灵以非宗教的形式举行。原子弹爆炸遇难者慰灵碑是和平纪念公园的中心，其中收录有遇难者名簿。其正式名称是"广岛和平都市纪念碑"，并未使用"慰灵"一词，理由则是为了严格遵守宪法第二十条。因此，比起慰灵，广岛被视为不再重蹈悲剧覆辙的和平运动的原点。峠三吉《原爆诗集》（1951）中的"让人们回来"是脍炙人口的反核武器运动的口号。但是，这个和平运动分裂成共产党系的禁止原子弹氢弹爆炸日本协议会（原水协）与社会党系的禁止原子弹氢弹爆炸日本国民会议（原水禁）（1965），由于政治的介入而不能发挥充分的作用。另外，在同样遭到轰炸的长崎，由于以浦上天主堂为中心的地区受灾最重，这里成为了以天主教为主的基督宗教复兴与和平运动的中心，永井隆的《长崎的钟》（1949）长期畅销，表现出与广岛不同的发展方向。

3. 从知识分子到大众文化

战后知识分子诸相

战后不久,被解放的马克思主义政治家和思想家拥有巨大影响力,而战前从自由主义立场出发怀疑战争的政治家与思想家,被称作"旧自由主义者",他们也很活跃。在思想界,津田左右吉、和辻哲郎、铃木大拙等人,采取维持天皇制、反共、保守的自由主义立场。他们最初以岩波书店的杂志《世界》为阵地,但其过于陈旧的观点让读者失望,他们不得不将阵地转移至杂志《心》(1948)。

跃上战后思想界舞台中心的是丸山真男。他在《世界》上发表的处女作《超国家主义的逻辑与心理》(1946)中指出,日本(超)国家主义的特性在于公私不分,并对此进行了敏锐的分析。他的研究以西方政治史为基础,但又与马克思主义和旧自由主义完全不同,对战前体制进行了透彻的剖析,唤起共鸣。大冢久雄一味在西方经济史中探寻依据,与此不同,丸山真男的一大特点是立足于日本近世以来的思想史,以贴近时代的视角看问题,他的《日本政治思想史研究》(1951)正是这一特征的体现。如前所述,荻生徂徕认为社会制度并非自然秩序,而是由圣人创制,与此相同,丸山

第十二章 和平的理想与幻想——昭和后期

真男思想的根本在于，应该以具有明确责任心的个体作为建立社会和国家秩序的基础。《日本的思想》（1961）一书对这一点进行了更加浅显易懂的说明，简言之，相比于"是"，他更重视"为"。

丸山真男活跃的舞台始终是学院，他有着知识分子的自尊（自负？），而鹤见俊辅则属于不同类型的知识分子。他在日美开战的背景下毕业于哈佛大学，回国后，很早便接受美国的实用主义，以《美国哲学》（1950）一书正式亮相于日本思想界。他一贯反对日本追从美国，但又拒绝马克思主义，不愿封闭于学院，努力寻求与大众文化的触点。丸山真男以之为同道，与鹤见俊辅的姐姐鹤见和子等人创办杂志《思想的科学》（1946）。他们合作的研究成果《转向》（1962）广受赞誉。鹤见俊辅还与小田实等人组成反越战团体"越平联"（1965），在《限界艺术论》（1967）上评论包括漫画在内的大众文化，不时批评学院派的僵化。作为行动派的知识分子，他不断抛出新鲜的问题。

战后知识分子中闻名的还有丸山真男门下的藤田省三与桥川文三、独特的亚洲主义者竹内好、担任京都大学人文科学研究所集体研究负责人的桑原武夫、提出马克思主义主体性论的梅本克己、具有西方文化素养的加藤周一、社会学者清水几太郎等人。保守派虽然处于劣势，但除了复兴的京都学派的高坂正显等人，小泉信三、福田恒存也非常活跃，《文艺春秋》成为其阵地。此外，鲁思·本尼迪克特（Ruth Benedict）《菊与刀》（1946年，和译1948年）一书，从美国的视角观察日本文化，引起巨大反响。该书将日本文化界定为相对于西方"罪的文化"的"耻的文化"，成为此后盛行的日本研究理论之嚆矢。

知识分子的终结

1960年安保斗争集结了战后知识分子，由于结合了学生运动与大众运动，风云一时。其中特别受到关注的是崭露头角的文学家团体"青年日本之会"，汇聚了大江健三郎、石原慎太郎、江藤淳、寺山修司、谷川俊太郎等年轻的作家和评论家。他们起初并没有特定的政治立场，主要是代表年青一代向老一代发声。其后，大江健三郎坚持左翼立场，而石原慎太郎和江藤淳的保守倾向不断强化，他们二人与三岛由纪夫一起作为右翼文化人的核心，开始活跃。

1960年安保运动的失败，暴露了主要以论坛为阵地的战后进步派知识分子的局限，其影响力减弱。而此时，日本已经从战后复兴阶段发展到高度经济成长阶段，"已非战后"（《经济白书》，1956）、"昭和元禄"（1964）之类的说法见诸报章。在此背景下，

第十二章 和平的理想与幻想——昭和后期

大学的学术世界也发生巨变。在战前,旧制高中是三年制,大学也是三年制。大学以9所帝国大学为中心,属于少数人的精英教育,目标是培养国家和学术界的领导者。学生们在高中接受通识教育,磨砺人格,在大学通过专业教育被培养成杰出的领导者。与此相对,战后的教育制度由《学校教育法》(1947)规定,采用六三三四制,旧制高中所发挥的作用被转移给了大学的通识课程。在帝国大学之外,各地的师范学校与专业学校被改造为国立大学,同时还设立了许多私立大学。因此,在1970年代,男性的大学入学率已经攀升到百分之三十多,大学开始被揶揄为"车站便当"[1],可见,大学的大众化迅速推进。旧制高中以来的教育理念是通识教育与人格培养一体化,随着这一教育理念的崩坏,基于广博的学养洞见未来、引领舆论的知识分子类型消失了。正如文学界所言,川端康成与三岛由纪夫之后,再无"文豪"。大学成为了培养专业人才和技术官僚的场所。

作为其重要转折期的1960年代后期,恰好是"全共斗"运动风起云涌的时代。1960年"安保斗争"虽然以学生运动为核心之一,但也是大众政治运动,与此相对,"全共斗"运动虽然也与

---

[1] 指廉价、快消、随处可见的东西。——译者注

1970年反对修订《安保条约》的运动有关,但基本上是旨在改革大学的大学内部运动。具有象征意义的是,运动爆发最激烈的地方分别是旧帝大系的代表东京大学与大众大学的代表日本大学。并且,战后知识分子的代表丸山真男也受到"全共斗"的集中攻击,这些运动如实地反映了时代的转变。

替代丸山真男,在"全共斗"一代具有超凡魅力的是吉本隆明。吉本的出发点虽然是左翼运动,但他批评马克思主义教条化,另一方面,他也批判丸山真男等知识分子,并且不在大学求职,以形成独立自主的思想为目标,赢得学生拥戴。在《共同幻想论》(1986)中,他把国家视为虚构的共同幻想,运用民俗学的理论阐明小规模的共同体在形成为国家过程中的诸相。

从女性参政权到女权主义

战后思想主要仍以男性为中心展开,但是,战后立即认可了女性的参政权,第一届众议院议员选举(1946)就诞生了39名女性议员,女性登上政坛给人留下深刻印象。《宪法》第十四条宣布全体国民在法律面前平等,禁止包括性别在内的所有歧视。在现实层面具有重要意义的是《民法》的修订(1947),全面废除战前的"家督权",基于此的旧家庭制度彻底崩溃。自此以后,继承人

第十二章 和平的理想与幻想——昭和后期

继承的不是家督权，只是财产，而且无论男女都平均继承财产。因此，战前的家父长制在法律层面瓦解。在教育层面，《教育基本法》以男女同校为原则，战前只有一部分女性才能进入大学深造，至此学校彻底向女性开放。不过，旧制的女子师范学校和女子专门学校成为了女大，男女同校的理念未必全部予以实现。

但是，女性解放被揶揄成"战后变得更结实的是女人和袜子"[1]，男性优越的社会意识长期没有改变。进入1960年代，城市里的工薪族小家庭代替了从前的农村型大家庭，成为标准的家庭模式。在农村型的大家庭中，女性也是重要的劳动力，而战后初期，如果女性不工作，经济上就难以为继。定居在大城市郊外的住宅区，丈夫们出门去公司上班，妻子作为全职主妇担当家务和育儿，这是最典型的城市小家庭。电视、洗衣机、冰箱"三件神器"的普及减轻了家务劳动，使全职主妇一人担负家务成为可能。由此可见，虽然战前家父长式的制度与意识有所改变，但男性优越的分工体制却没有变化。

即使在1970年前后的"全共斗"与"新左翼"运动中，男性的优势地位也是相同的。对此质疑的女性们受到同时期海外思潮

---

[1] 日语"強い"是双关语，兼具"结实"和"强大"的意思。——译者注

的刺激，兴起妇女解放运动。最初的领头人田中美津以"从厕所解放"（1970）为口号，主张女性不是男性的厕所，追求女性自身的自立生存方式。但在当时，这被视为一小部分女性的过激行动，并未能在社会上引起普遍响应。

上野千鹤子继承了70年代妇女解放运动，领导80年代的女权主义运动。80年代"新左翼"运动也有所收紧，仅有新学院派的轻浮思想受到欢迎，思想界颇为低迷。在此背景下，上野经常大量使用性词汇的充满刺激与挑衅的文章引起舆论哗然，切中了男权社会的要害。在从70年代开始被称为"一亿总中产"的时代背景下，上野的言论反映了拥有一定程度经济基础的女性们的不满和问题意识，引起强烈共鸣。并且，上野在其理论性代表作《父权制与资本主义》（1990）中，从马克思主义女权的立场出发，以家父长制与资本主义两条交错的线索来解读日本的近代，提出了新颖的观点。

由于《男女雇用机会均等法》的成立（1985），女性的就业环境算是在法律上得以改善，但是，从平成时代直到今日的令和，围绕着女性的各种各样的问题还未得到妥善解决。并且，被称作LGBT的性取向少数派的问题受到关注，性别议题在今日愈发突显。

结 语
——幻想的终结（平成时代）

象征天皇制的物语

年号的改变是否真的会带来时代的巨大转变，我们并不清楚。而昭和天皇去世（1989），昭和改元平成，在日本人的内心深处的确留下难以磨灭的痕迹。此前人们回避讨论天皇制的问题，认为其不久或许会自然消亡，但是，改元使得天皇制重新进入人们的视野，日本人必须开始思考宪法规定的象征天皇到底意味着什么。

恐怕对此理解最深刻的是新即位的天皇本人。在位期间，他通过巡礼战争的激战地，并且在大灾害发生时赶赴受灾地，抚慰受害者。这些并不属于宪法规定的天皇国事行动的范围，但天皇本人将其理解为"象征元首的义务"。这仿佛是对昭和天皇所回避的战争责任的赎罪之旅。这样的旅程并不属于国事活动，但也不能说成是私人活动。既非国事活动又非私人活动的天皇的一系列公开活动，体现了"象征"的实际内涵。于此形成了这样一条潜规则，也即，天皇的行动必须代表"全体国民的共同意愿"。尽管天皇方面积极地提出了什么是象征天皇制的问题，但承接和探讨这一问题的土壤却未必坚实。

与此同时，天皇换代成为了重新认识并关注与之相关的各种礼仪的机会。特别是即位之年举行的大尝祭被视为天皇传统中最重要的仪式，这自然不包含于国事活动中，但也不能就此说是纯粹的私人活动。天皇的日常活动以多种多样的宫中祭祀为核心，虽然这些祭祀活动大都是在明治时代重新构建出来的。自"大传统"以来，天皇最核心的任务就是延续自古相承的礼仪。至于从国民的角度出发，应该如何理解这些礼仪，此前从未予以严肃的探讨。

关于天皇退位的问题亦是如此，在天皇本人自发提出退位之前，从未就此进行过正式的探讨。包含上述问题在内的象征天皇制的相关讨论才刚刚起步。日本宪法禁止天皇从事政治活动，但在很多情况下，关于天皇事务的讨论很容易牵涉政治立场，并且宫中的大型活动也有可能被政府利用来进行政治宣传。如何超越政治立场来对象征天皇制进行有效的探讨是今后的课题。

冷战与"五五年体制"的终结

昭和时代的结束原本只是日本的内部事务,却相当偶然地与世界局势的大变动即冷战的终结同时发生。平成元年(1989)柏林墙倒塌,次年东德与西德统一。与此并行的是东欧剧变,1991年,苏联解体,俄罗斯联邦成立,叶利钦成为其第一任总统,冷战终结。

尽管弗朗西斯·福山(Francis Fukuyama)称冷战终结为"历史的终结",但世界并没有进入理想状态。此前东西方对立、相互牵制,世界在紧张的状态中维系和平。但随着这样的制衡体系崩溃,世界各地纷争爆发,陷入失控状态。伊拉克入侵科威特,成为海湾战争的导火索。1991年,以美国为主的多国部队进攻伊拉克,海湾战争爆发。战争结束后,中东关系持续紧张,爆发了9·11事件(2001)等恐怖袭击事件。在此冲击下,仇恨的链条不断延伸,导致了伊拉克战争(2003)。西方世界曾对昙花一现的所谓"阿拉伯之春"(2010—2012)报以期待,但随着伊斯兰极端分子活动愈发猖獗,中东局面逐渐无法收拾。

萨缪尔·P.亨廷顿(Samuel Phillips Huntington)的《文明的冲突》(1996)提出了后冷战时代的世界是由七到八个相互制衡的文明圈所构成的理论。但是,如此巨大的、统一的文明圈实际上并没有形成，即使在文明圈内部，各方势力也相互撕扯，呈现出毫无理念的斗争状态。美国一国超强，霸权主义在世界横行。

冷战的终结也对日本国内的政治状况产生了影响。伴随着冷战的终结与泡沫经济时代的结束，保守系的自由民主党作为执政党与在野党日本社会党两党对立的稳定态势，即"五五年体制"也被动摇。1993年，日本政坛诞生了以日本新党党首细川护熙为首相的非自民党联合政权，自民党首次下野。自此，"五五年体制"彻底终结。此后，伴随着政党的离合聚散，日本政坛屡屡陷入不稳定状态。但是1999年以后，公明党与自民党展开政治合作，除了民主党短暂的执政期（2009—2012），自民党与公明党的联合政权逐步稳定，安倍晋三得以长期担任联合政权的首相一职。

理想的消失

从思想史的角度来看，冷战与"五五年体制"的终结，对在整个二十世纪独领风骚并在日本逐渐退潮的马克思主义而言具有重大意义。马克思主义指基于马克思及其盟友恩格斯的思想，加上指导俄国革命的列宁的思想，所确立的马克思列宁主义。它所标榜的科学社会主义立足于近代西方思想的发展,以理性主义的唯物论哲学为基础,科学地解释历史。也即,它将人类的历史进程解释为从原始社会发展到古代奴隶社会、中世封建社会、近代资本主义社会,以及未来作为理想的共产主义社会。现实的社会主义国家未必达到其理想,因为尚在革命进程中。

许多国家基于这样的特定思想而建立,这是近代世俗国家出现后人类历史上未曾有过的宏大实验。

这不仅仅打破了国际政治势力的平衡,在思想史上也具有重大意义。马克思主义在日本战后的哲学、经济学、历史学领域中,可以说一度占据主流地位。无论是严格的马克思主义者,还是马克思主义的批判者,都不能回避马克思主义的重要问题,并常常对其进行部分的吸收、修正以及灵活应用。就从宏观视角把握人类历史、描绘未来这一点而言,马克思主义是极其合适的理论。毕竟描绘未来理想社会并为之奋斗,会给我们的行为带来理想与目标。即便国际共产主义运动遇到了挫折,但其奋斗的目标值得尊重。或可以登山为例,路线错误、前方受阻,迫使登山者不得不采取其他路线,但不应该让他放弃登山本身。

然而,实践的结果或许意味着无论采用什么路线,都难以登上目标之山。所有人自由、平等、和平、满足的社会，也许就是一个不可能实现的理想。不仅是马克思主义，作为其基石的近代进步主义思想整体都遭到质疑。在世界范围内，各国以和平为目标、结成国际联盟的热情正在消退。联合国教科文组织宪章中"必须要在人的思想中构筑起保卫和平的屏障"的理想几乎被遗忘。1990年之后，许多国家确实陷入了丧失理想、希望与展望的时代。

在全世界失去合作目标与方向的今天，今后许多国家恐怕都会变得以自我为中心，民族主义、国家主义泛滥，弱肉强食的霸权主义，以及排斥其他民族、弱者、少数者的趋势将愈演愈烈。日本也概莫能外。在此背景下，避免陷入自私自利的自大主义，客观冷静地回顾过去，如实地认识现状，难道不是开创未来的基础吗？

灾害、恐怖主义与死难者

进入平成时代以后的另一显著特征是，由于灾害与恐怖主义，民众死伤惨重，类似事件接连发生，已成常态。战争是造成人员大量死亡的罪魁祸首，自不待言，如前所述，战争造成的死难者问题尚未得到解决。而战后，相比于对死难者的追思，复兴被置于首位。死难者的痛苦被隐藏于复兴的阴影之下。而随着经济发展告一段落，进入平成时代以后，大量死难者的问题开始给

结　语——幻想的终结（平成时代）

和平社会带来巨大冲击。

首先是 1995 年的阪神淡路地区大地震。它带来的冲击尚未平复，紧接着又发生了奥姆真理教制造的东京地铁毒气事件。阪神淡路地区大地震造成超过六千人的死亡，这是史无前例的大灾害。由于受灾最严重的神户是大都市，交通便利，很多人立刻作为志愿者投入到救援与灾后重建工作中，并发挥了重要作用，他们推动了此后日本社会志愿者运动的兴起。而遗属目睹亲人死在眼前却无能为力，这样的心灵创伤也成为社会问题，心理医生和心理疗愈成为人们的话题。

奥姆真理教由教祖麻原彰晃（松本智津夫）创立，是日本在1980 年代兴起的新宗教团体之一。这样的新宗教团体被称为"新新宗教"。从 1970 年代开始，以学生和青年为主的群体醉心于广泛的灵性主义，往往认为神秘的超能力具有魅力。其中最活跃的是奥姆真理教，一些高学历青年聚集在一起，成为其最狂热的信徒。教团的思想倾向越来越过激，开始参与谋杀事件，并最终在东京都的地铁站播撒剧毒气体，造成十三人死亡（1995）。这就是著名的东京地铁沙林事件。宗教恐怖主义替代了政治恐怖主义，在某种意义上，这是与 9·11 事件（2001）类似的恐怖事件。

2011 年 3 月 11 日发生的东日本大地震造成的海啸和福岛核电

站事故，成为历史上前所未有的大灾害。由于该事故发生的部分地区处于交通不便的偏远地区，救援与灾后重建工作相当困难。在此背景下，死者的埋葬与祭祀成为重大问题，引起宗教界和思想界的严肃讨论。目前这一事故存留的很多问题尚有待解决，如核电站的废炉问题。

这样来看，平成时代的日本国内虽然维护了和平状态，但已经是战后小传统的衰减阶段。再加上少子化、高龄化以及地球环境的恶化，近代的报应正在发生。人们普遍认为，未来愈发步履维艰。即便进入令和时代，仍然是积重难返。因此，日本人有必要沉下心来反思自己的历史和思想，从根源上思考我们今后的生存方式，而不只是头痛医头、脚痛医脚。

思想的发展绝非线性的进步方式。乍一看可能消失在近代理性化中的死难者问题重新进入思想史的长河，以中世为出发点加以审视的话，就会发现从神葬到国家祭祀、从古代到近代的线索。同样的道理，对东日本大地震灾害死难者问题的思考，也必须被纳入长时间跨度的思想史脉络。

虽然看似迂回，但正是这样逐一挖掘过去并予以审视的工作，才是当今所真正需要的。只有牢牢把握过去，才能在看似穷途末路的当下，重新开启对未来的希望与展望。

后　记

　　我的专业是佛教，一直以来研究领域局限在非常狭小的范围内，即日本平安时代、镰仓时代的佛教思想。在推进相关研究的过程中，我深切地感到日本思想的整体流变难以把握，有必要对之进行系统整理。当时，我正在东京大学文学部和大学院人文社会系研究科供职，脑海里涌现出一个计划，即拓展东大日本学专业的研究领域，设立日本思想、日本宗教史专业。我对大学的教学科研组织工作一向不大过问，只在这件事上投入过热情，希望能够推动实现。可是，赞同者不足，事情不了了之，其后也无人旧话重提。过去，在战争年代，东大文学部曾经设立过日本思想史的讲座，主讲人是宣扬皇国史观的平泉澄，战后被取缔。大概是因为有这么一段往事，日本思想史成为了禁忌，我也无法改变这一状况。在这件事上遭受的挫折，也成为了我提前从东大退休的远因。

日本思想史

前些年我在"岩波新书"系列出版了《日本宗教史》(2006)，之后又担任了《岩波讲座日本的思想》全八卷（岩波书店，2013—2014）和《日本思想史讲座》全五卷（醍醐社，2012—2015）的编修委员，愈发切实地感到有必要对日本思想史整体——而非仅仅是宗教——进行考察。从那时起，我先后出版了具有导读性质的《阅读日本思想》（角川书店，2016）、按主题分类的《日本思想史的射程》（敬文舍，2017）。本书中提出的"王权与神佛的两极"的想法，实际上是我在研读《源氏物语》的过程中形成的，相关论考收录于《自佛教阅读古典文学》（角川选书，2018）一书。

本书虽然是一本小书，但也是经过这些曲曲折折，总算达成一个目标。由于时间仓促，书中没有充分展开的地方不少，但总体而言我认为还有一定的价值。"前言"的文字也许有些过激，只是为了表达我发自内心的愿望。

本书在引用原文的时候尽可能地使用了岩波书店出版的"文库"系列。该文库收录了不少与日本思想史有关的原典，但令人震惊的是，其中大部分都是战前校订的版本，如今未经改动再次印刷出版，而古典文学领域的原典却不断有体现最新研究成果的新版替换掉老版。这如实反映了对日本思想史的认识是多么迟缓。我期望，哪怕是一点点，这本小书能成为改变这种现状的契机。

后记

如今日本思想史的研究多多少少有了些眉目，我非常希望能实现的下一个目标是，构建以日本思想史为基础的哲学。它不能是借用西方的，而必须是与自己浑然一体的、经过积淀的、真正能够令自己满意的、成体系的世界观和人生观。其探索过程经过《他者、死者、我》（岩波书店，2007）、《哲学的现场》（2012），在《冥显的哲学——死者与菩萨的伦理学》（2018）等著作中大致确定了方向。于此再进一步，我想展示出日本思想完全可以是经得起批判的哲学素材。只有这样，大概才能让人明白日本思想史不是猎奇者的爱好，而实在是每一个日本人都应该了解的学问吧。能力有限却设定如此宏大的目标，这是一位老人的唐吉诃德之梦。

顺便一提的是，近些年，英语世界不断出版包括古典思想在内的日本哲学研究著作，今后，必须将此动向一并予以考虑。

本书的编辑由饭田建先生担任。在制作索引、选定配图等方面，饭田先生给予了莫大帮助。在本书思路酝酿的过程中，笔者与多位友人进行过讨论。在此，一并向他们致以由衷的感谢！

末木文美士

2019 年 11 月